일상에서 배우는
일본어 경어

오자키 다쓰지,
고이시 도시오 지음

다락원

일본어 표현력 향상 프로젝트
일상에서 배우는 일본어 경어

지은이 오자키 다쓰지, 고이시 도시오
펴낸이 정규도
펴낸곳 (주)다락원

초판 1쇄 발행 2015년 2월 16일
초판 3쇄 발행 2023년 9월 5일

책임편집 송화록, 손명숙
디자인 장미연, 이승현

다락원 경기도 파주시 문발로 211
내용문의 (02)736-2031 내선 460~465
구입문의 (02)736-2031 내선 250~252
Fax (02)732-2037
출판등록 1977년 9월 16일 제406-2008-000007호

Copyright ⓒ 2015, 오자키 다쓰지, 고이시 도시오

저자 및 출판사의 허락 없이 이 책의 일부 또는 전부를 무단 복제·전재·발췌할 수 없습니다. 구입 후 철회는 회사 내규에 부합하는 경우에 가능하므로 구입문의처에 문의하시기 바랍니다. 분실·파손 등에 따른 소비자 피해에 대해서는 공정거래위원회에서 고시한 소비자 분쟁 해결 기준에 따라 보상 가능합니다. 잘못된 책은 바꿔 드립니다.

ISBN 978-89-277-1122-3 13730

http://www.darakwon.co.kr

- 다락원 홈페이지를 방문하시면 상세한 출판 정보와 함께 동영상강좌, MP3 자료 등 다양한 어학 정보를 얻으실 수 있습니다.
- 다락원 홈페이지 자료실에서 MP3 파일(무료)을 다운로드 받으실 수 있습니다.

일상에서 배우는
일본어 경어

오자키 다쓰지,
고이시 도시오 지음

다락원

머리말

　많은 일본어 학습자들이 경어에 대해, 배우긴 했는데 실제로 쓰려니까 말이 잘 안 나오지 않더라고 호소하곤 합니다. 경어의 규칙을 배웠다고 해서, 그것만으로 실제로 어떻게 쓰면 되는지 까지는 알 수 없지요. 규칙은 규칙일 뿐, 어떤 상황에서 어떻게 쓴다는 것까지는 전부 가르쳐 주지 못하기 때문입니다. 언어는 항상 상황과 함께 배워야 정확한 의미를 알 수 있고, 또 제대로 쓸 수 있게 됩니다.

　그러한 이유에서 이 교재에서는 경어를 형태나 기능으로 분류하지 않고 일반 회화 교재와 마찬가지로 상황 별로 나누어, 그 상황에서 쓰이는 경어 표현들을 보여 주기로 했습니다. 이는 일본어 경어의 쓰임을 실질적으로 접할 수 있도록 하기 위함입니다.

　물론, 일본어의 경어가 문법적으로 어떻게 되어 있는지 정리가 되어 있지 않은 분이라도 걱정할 필요 없습니다. 제1장을 통해서 일본어의 경어가 문법적으로 어떻게 이루어져 있는지 확인할 수 있습니다. 그렇다고 해서 이 책을 반드시 처음부터 차례대로 읽을 필요는 없습니다. 일본어 경어의 개요를 아는 분은 제1장을 건너뛰어도 좋습니다. 또는 바로 제2장부터 읽다가, 경어의 구조에 대해 궁금한 것이 생길 때마다 제1장을 참조해도 좋습니다.

　제2장에서는 주어진 상황에 어울리는 경어 표현과, 응용해서 바꿔 쓸 수 있는 말들도 함께 제시해 놓았습니다. 어떤 예문들은 쓰임이 정해져 있어서 단어를 바꿀 수 없지만, 많은 예문들은 다양하게 변형할 수 있습니다. 그리고 그런 예문들을 그냥 외우기만 할 것이 아니라 외운 즉시 단어를 바꿔 말해 볼 것을 권합니다. 이 책에 제시되어 있는 단어가 아니더라도 자신에게 필요한 단어를 넣어서 연습해 보면 큰 도움이 될 것입니다.

　마지막으로 여러분에게 한 가지 추천하고 싶은 방법은, 먼저 제2장을 훑어보면서 필요한 표현들에 동그라미를 쳐 놓고, 책 전체를 다 훑어본 뒤에 표시해 놓은 문장을 외우며 응용을 해 보는 것입니다. 시험을 보고 점수를 얻기 위한 공부가 아닙니다. 여러분에게 필요한 것들로부터 배우십시오. 이렇게 함으로써 진정한 능동적 학습이 가능하게 되고, 결과적으로 경어 표현을 빠르게 익힐 수 있을 것입니다.

　아무쪼록 이 교재가 여러분의 일본어 표현력을 향상시키고, 일본어로 더욱 유창하게 말하는 데 도움이 되기를 바랍니다.

저자 일동

이 책의 구성과 특징

　이 책에서는 일본어 경어의 종류와 구조에 대한 정리를 바탕으로 각 회화 상황에 맞는 경어 표현들을 보여 줌으로써, 일본어 경어의 쓰임을 실질적으로 접할 수 있도록 하였습니다. 그리고 본문에 나와 있는 표현들을 표현 일람에서 한번 더 정리하여 익힐 수 있도록 하였습니다.

제1장

일본어 경어의 종류와 문법적인 구조에 대해 정리하고 있어, 전반적인 개요에 대해 익힐 수 있습니다.

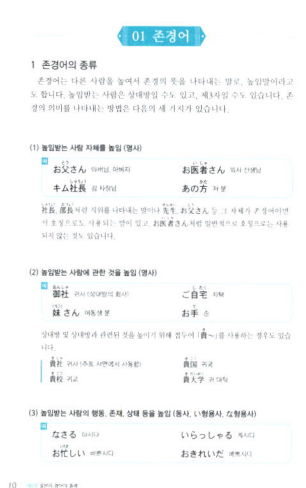

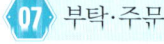

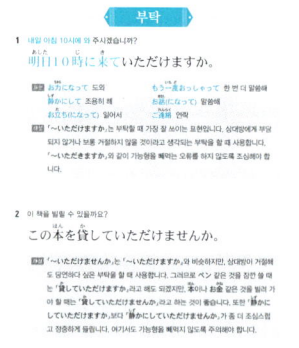

제2장

16개의 주제별로 나누어진 상황에 적합한 경어 문장과 함께 바꿔 쓸 수 있는 표현과 해설을 제시하고 있습니다. 이 책에 제시되어 있는 표현이 아니더라도 자신에게 필요한 말을 넣어서 연습해 보면 큰 도움이 될 것입니다.

목차

머리말
이 책의 구성과 특징

제1장
일본어 경어의 종류

01	존경어	10
02	겸양어	14
03	정중어	17
04	お와 ご	18
05	가족 호칭	22

제2장
상황별 경어 표현

01	기본 인사 표현	24
02	전화	30
03	약속	39
04	초대·권유	46
05	방문	50
06	접객	56
07	부탁·주문	63
08	수락·허가	70
09	거절	74
10	질문	80
11	사과	88
12	상담	94
13	조언	97
14	발표	101
15	축하	107
16	위로	112

표현 일람   118

제1장

일본어 경어의 종류

01 존경어 02 겸양어 03 정중어
04 お와 ご 05 가족 호칭

01 존경어

1 존경어의 종류

존경어는 다른 사람을 높여서 존경의 뜻을 나타내는 말로, 높임말이라고도 합니다. 높임받는 사람은 상대방일 수도 있고, 제3자일 수도 있습니다. 존경의 의미를 나타내는 방법은 다음의 세 가지가 있습니다.

(1) 높임받는 사람 자체를 높임 (명사)

> **예**
> お父さん 아버님, 아버지 お医者さん 의사 선생님
> キム社長 김 사장님 あの方 저 분

社長, 部長처럼 직위를 나타내는 말이나 先生, お父さん 등 그 자체가 존경어이면서 호칭으로도 사용되는 말이 있고, お医者さん처럼 일반적으로 호칭으로는 사용되지 않는 것도 있습니다.

(2) 높임받는 사람에 관한 것을 높임 (명사)

> **예**
> 御社 귀사 (상대방의 회사) ご自宅 자택
> 妹さん 여동생 분 お手 손

상대방 및 상대방과 관련된 것을 높이기 위해 접두어 「貴~」를 사용하는 경우도 있습니다.

> 貴社 귀사 (주로 서면에서 사용함) 貴国 귀국
> 貴校 귀교 貴大学 귀 대학

(3) 높임받는 사람의 행동, 존재, 상태 등을 높임 (동사, い형용사, な형용사)

> **예**
> なさる 하시다 いらっしゃる 계시다
> お忙しい 바쁘시다 おきれいだ 예쁘시다

2 존경어 동사를 만드는 방법

동사를 존경어의 형태로 만드는 방법은 다음과 같습니다.

(1) 특별 존경어

行く 가다	♣いらっしゃる / おいでになる
来る 오다	♣いらっしゃる / おいでになる みえる / お越しになる
いる 있다	♣いらっしゃる
言う 말하다	♣おっしゃる
する 하다	♣なさる
食べる・飲む 먹다・마시다	召し上がる
くれる 주다	♣くださる
見る 보다	ご覧になる
知っている 알고 있다	ご存じだ
着る 입다	お召しになる

♣ いらっしゃる, おっしゃる, なさる, くださる 등 네 개의 동사는 「〜ます」가 이어질 때나 「〜ます」의 명령형인 「〜ませ」가 생략된 형태에서, 활용어미가 「〜り」가 아니라 「〜い」가 됩니다. 〈예 なさいます(하십니다), ください(주세요)〉

특별 존경어가 쓰인 관용 표현
ごめんなさい。 죄송합니다.
ごめんください。〈현관문 앞에서〉 계세요?
おかえりなさい。〈돌아온 사람에게〉 어서 오세요.

(2) (1그룹 동사의 ない형) + れる
    (2그룹 동사의 ない형) + られる

> 예
> 書く 쓰다 → 書かれる
> 出す 내다 → 出される
> 出る 나가다 → 出られる
> 降りる 내리다 → 降りられる
> 考える 생각하다 → 考えられる
> する 하다 → される
> 来る 오다 → 来られる

다른 경어 표현보다 높임의 정도는 낮지만, 널리 사용되는 존경 표현입니다.

(3) お + (고유어 동사의 ます형) + になる
    ご + (한자어 동사의 어간) + になる

> 예
> 休む 쉬다 → お休みになる
> 待つ 기다리다 → お待ちになる
> 帰る 돌아가다 → お帰りになる
> 利用する 이용하다 → ご利用になる
> 出席する 출석하다 → ご出席になる

단, 이 규칙이 적용되지 않는 동사들도 있습니다.

見る 보다 → お見になる (✗)　　　ご覧になる (○)
運転する 운전하다 → ご運転になる (✗)　運転なさる / 運転される (○)
運動する 운동하다 → ご運動になる (✗)　運動なさる / 運動される (○)
どきどきする 두근두근하다 → おどきどきになる (✗)
　　　　　　　　　　　　どきどきなさる / どきどきされる (○)

(4) お + (고유어 동사의 ます형) + ください (くださる)
ご + (한자어 동사의 어간) + ください (くださる)

> 예
> 待つ 기다리다 → お待ちください
> 読む 읽다 → お読みください
> 伝える 전하다 → お伝えください
> 電話する 전화하다 → ♣お電話ください
> 連絡する 연락하다 → ご連絡ください
> 説明する 설명하다 → ご説明ください
> 今日お話くださる方は、キム先生です。
> 오늘 이야기해주실 분은 김 선생님입니다.
> ご連絡くださるよう、お願いします。
> 연락 주시도록 부탁드립니다.

상대방에게 정중한 의뢰나 권유를 나타내는 표현으로, 간단하면서도 존경의 정도가 높습니다.
♣ 한자어 동사이지만 「お~」가 아니라 「ご~」를 쓰는 것도 있습니다.

(5) お + (고유어 동사의 ます형) + です
ご + (한자어 동사의 어간) + です

> 예
> 使う 쓰다 → お使いです
> 過ごす 지내다 → お過ごしです
> 出かける 외출하다 → お出かけです
> 出発する 출발하다 → ご出発です
> 到着する 도착하다 → ご到着です

주로 「~ている」의 형태를 존경어로 만드는 데 적합한 표현입니다.

02 겸양어

1 겸양어의 종류

겸양어는 다른 사람을 높이기 위해 행동하는 주체를 낮추는 표현으로, 행동의 대상이 되는 사람을 높이거나 듣는 사람을 높이는 경우가 있습니다. 겸양어의 활용예는 다음의 세 가지가 있습니다.

(1) 자기측을 낮춤 (명사)

> 예
> わたくし 저   わたくしども 저희들
> 父(ちち) 아버지   社長(しゃちょう)のキム 김 사장

(2) 자기측에 관한 것을 낮춤 (명사)

> 예
> 弊社(へいしゃ) 폐사(자기 회사)   粗品(そしな) 변변치 못한 증정품
> 拙著(せっちょ) 졸저, 자기가 지은 책   拙稿(せっこう) 졸고, 자기가 쓴 원고

(3) 자기측의 행동을 낮춤 (동사)

> 예
> いたす 해 드리다   いただく 받다
> ございます 있습니다   申(もう)し上(あ)げる 말씀드리다

2 겸양어 동사를 만드는 방법

동사를 겸양어의 형태로 만드는 방법은 다음과 같습니다.

(1) 특별 겸양어

行く・来る 가다・오다	まいる
もらう・食べる・飲む 받다・먹다・마시다	いただく / 頂戴する
する 하다	♦いたします
あげる 주다	さしあげる
言う 말하다	申し上げる
見る 보다	拝見する
聞く 듣다	伺う
会う 만나다	お目にかかる / お会いする
いる 있다	♦おります
ある 있다	♦ございます
＜名前＞という 〈이름〉라고 한다	♦＜名前＞と申します
知っている 알고 있다	♦存じております

♦ いたします, おります, ございます, 申します, 存じております는 기본형이 각각 いたす, おる, ござる, 申す, 存じておる이지만, 현대어에서는 보통 「～ます」와 함께 쓰이고 기본형으로는 잘 쓰이지 않습니다.

> **특별 겸양어가 쓰인 관용 표현**
> おはようございます。〈아침 인사〉 안녕하세요.
> ありがとうございます。 감사합니다.

(2) お + (고유어 동사의 ます형) + する(いたします)
　　ご + (한자어 동사의 어간) + する(いたします)

> 예
> はなす 말하다 → おはなしする(おはなしいたします)
> 持つ 들다 → お持ちする(お持ちいたします)
> 届ける 전달하다 → お届けする(お届けいたします)
> 連絡する 연락하다 → ご連絡する(ご連絡いたします)

(3) お + (고유어 동사의 ます형) + いただく
　　ご + (한자어 동사의 어간) + いただく

> 예
> 書く 쓰다 → お書きいただく
> 集まる 모이다 → お集まりいただく
> 連絡する 연락하다 → ご連絡いただく

(4) (1그룹 동사의 ない형) + せていただく
　　(2그룹 동사의 ない형) + させていただく

> 예
> 聞く 듣다 → 聞かせていただく
> 終わる 끝나다 → 終わらせていただく
> 帰る 돌아가다 → 帰らせていただく

이 표현은 상대방의 허가나 동의를 얻고자 할 때 공손한 표현으로 사용이 가능합니다. 그렇지 않은 경우에는 겸양어이긴 하지만 상대방에게 위압감을 줄 수 있습니다.

03 정중어

1 정중어의 종류

정중어는 상대방에 대해 예의 바르고 정중한 태도를 나타내는 표현입니다. 그러므로 어느 한쪽을 높이거나 낮추지 않습니다. 정중어를 활용하는 방법은 다음과 같습니다.

(1) 서술어에 「~です / ~で ございます」, 「~ます」 등을 이음

> 예
> りょうかい
> 了解です。　알겠습니다.
>
> やま だ
> 山田です。　야마다입니다.
>
> はは　 る す
> 母は留守でございます。　어머니는 부재 중입니다.
>
> きょう　　　　 かえ
> 今日はもう帰ります。　오늘은 이만 돌아가겠습니다.

(2) 정중한 느낌을 주는 단어를 사용

> 예
> こちら　이것, 여기, 이쪽　　　　　後ほど　나중에
>   のち
>
> しょうしょう
> 少々　조금
>
> 　　　 た なか
> こちらは田中さんです。　이쪽은 다나카 씨입니다.
>
> こちらからかけなおします。　제가 다시 걸겠습니다.
>
> 　　 かた
> あの方はどなたですか。　저 분은 누구신가요?

04 お와 ご

1 お / ご의 종류

お / ご는 명사와 い형용사 앞에 붙어 존경어, 겸양어, 정중어 그리고 미화어의 역할을 합니다. 미화어란 말을 부드럽게 만드는 역할을 하는 단어를 말하는 것으로, 꼭 쓰지 않아도 되는 것도 있고, 쓰지 않으면 거친 느낌을 주는 것도 있습니다.

(1) 존경어로 높일 대상에 관한 것, 행동, 상태 등에 대해 사용

> **예**
> お名前（なまえ） 성함　　ご年齢（ねんれい） 연세
> お休（やす）み 휴식, 취침　　ご心配（しんぱい） 심려
> お暇（ひま）だ 한가하시다　　お若（わか）い 젊으시다

(2) 존경어 또는 겸양어로 사용

> **예**
> お電話（でんわ） 전화　　ご返事（へんじ） / お返事（へんじ） 답변, 답장
> お話（はなし） 이야기, 말씀　　ご説明（せつめい） 설명
> お礼（れい） 답례, 사례　　ご報告（ほうこく） 보고

(3) 정중어 또는 미화어로 사용

> **예**
> お野菜（やさい） 야채　　おしゃべり 수다
> お弁当（べんとう） 도시락　　お金（かね） 돈
> お酒（さけ） 술　　お水（みず） 냉수

(4) お / ご를 빼면 뜻이 달라지는 경우

> 예
> おにぎり 주먹밥 → にぎり 생선초밥
> おかず 반찬 → かず 수
> おめがね 감식, 판정 → めがね 안경
> おしゃれ 치장 → しゃれ 말장난
> おさむい 한심하다 → さむい 춥다

2 お / ご의 활용

お / ご의 활용예는 다음과 같습니다.

(1) お + 고유어

> 예
> お味 맛
> お買い物 장 보기
> お体 몸
> お魚 생선, 물고기
> お知らせ 알림
> お名前 성함
> お休み 휴일, 휴무
> お祝い 축하, 축하 선물
> お金 돈
> お気持ち 기분, 심정
> お仕事 업무, 직업
> おそば 메밀국수
> お祭り 축제
> お車 자동차

(2) ご + 한자어

ご案内	안내	ご家族	가족
ご帰宅	귀가	ご研究	연구
ご住所	주소	ご乗車	승차
ご相談	의논, 상담	ご着席	착석
ご注意	주의	ご夫婦	부부
ご予約	예약	ご理解	이해
ご利用	이용	ご了承	양해

고유어인데도 「お〜」가 아니라 「ご〜」가 붙는 것도 있습니다.

> ごゆっくり 천천히   ごもっとも 맞는 말씀

(3) お + 한자어

お饂飩	우동	お時間	시간
お食事	식사	お洗濯	세탁
お惣菜	반찬	お大事	중요함
お茶	차	お電話	전화
お肉	고기	お勉強	공부
お弁当	도시락	お約束	약속
お野菜	야채	お料理	요리

饂飩은 보통 한자로 쓰지 않고, 히라가나로 うどん이라고 씁니다.

3 お / ご가 붙지 않는 말

(1) 자연현상이나 공공시설

(2) 길이가 긴 단어

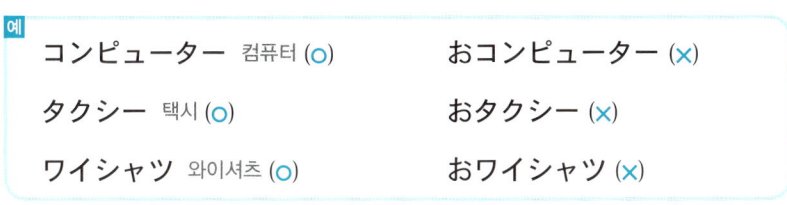

(3) 외래어

コンピューター 컴퓨터 (O)	おコンピューター (×)
タクシー 택시 (O)	おタクシー (×)
ワイシャツ 와이셔츠 (O)	おワイシャツ (×)

05 가족 호칭

가족 호칭은 자신의 가족을 지칭할 때 사용하는 보통어와 다른 사람의 가족을 지칭할 때 사용하는 존경어로 나뉩니다.

나의... (보통어)	상대방의... (존경어)
父(ちち) 아버지	♣ お父(とう)さん
母(はは) 어머니	♣ お母(かあ)さん
兄(あに) 형 / 오빠	♣ お兄(にい)さん
姉(あね) 누나 / 언니	♣ お姉(ねえ)さん
祖父(そふ) 할아버지	♣ お祖父(じい)さん
祖母(そぼ) 할머니	♣ お祖母(ばあ)さん
弟(おとうと) 남동생	弟(おとうと)さん
妹(いもうと) 여동생	妹(いもうと)さん
息子(むすこ) 아들	息子(むすこ)さん
娘(むすめ) 딸	娘(むすめ)さん
孫(まご) 손자	お孫(まご)さん
妻(つま) / 家内(かない) 아내	奥(おく)さん
夫(おっと) / 主人(しゅじん) 남편	ご主人(しゅじん)
家族(かぞく) 가족	ご家族(かぞく)

♣ お父(とお)さん, お母(かあ)さん, お兄(にい)さん, お姉(ねえ)さん, お祖父(じい)さん, お祖母(ばあ)さん 등의 단어는 자신의 가족에 대해서 2인칭으로 부를 때 호칭으로도 사용할 수 있습니다.

제2장

상황별 경어 표현

01 기본 인사 표현　02 전화　03 약속
04 초대·권유　05 방문　06 접객
07 부탁·주문　08 수락·허가
09 거절　10 질문　11 사과　12 상담
13 조언　14 발표　15 축하　16 위로

01 기본 인사 표현

만남

1 처음 뵙겠습니다.

はじめまして。

はじめてお目にかかります。

2 저는 다나카라고 합니다.

わたくし田中と申します。

> 해설 わたくし는 わたし의 좀 더 공손한 말입니다. 「～と申します」는 「～と言います」의 정중한 표현으로, 자신을 공손하게 소개할 때 사용합니다.

3 잘 부탁드리겠습니다.

よろしくお願いします。

よろしくお願いいたします。

> 해설 앞에 「どうぞ」와 같은 표현을 추가해도 좋습니다.

4 이 분은 김○○ 씨입니다.

こちらはキムさんです。

> 해설 こちら는 これ나 ここ 등을 좀 더 정중하게 나타내는 표현입니다. 「こちら は……です」 안에는 キムさん처럼 높임말을 쓸 수도 있고, 弟(おとうと)처럼 높이지 않는 말을 쓸 수도 있습니다.

5 소문은 전부터 들어왔습니다.

お噂(うわさ)はかねがね伺(うかが)っております。

> 표현 以前(いぜん)から 이전부터

안부

6 잘 지내세요?

お元気(げんき)ですか。

> 해설 「お元気(げんき)だ」는 「元気(げんき)だ」의 존대말입니다.

7 안녕하셨어요?

お元気(げんき)でしたか。

お元気(げんき)でいらっしゃいましたか。

8 부인께서는 안녕하신가요?

奥様(おくさま)はお元気(げんき)ですか。

표현	ご主人(しゅじん) 남편분	息子(むすこ)さん 아드님	娘(むすめ)さん 따님
	ご両親(りょうしん) 부모님	～さん ～씨	

9 잘 지내고 있습니다.

元気(げんき)にしております。

해설 앞에 「おかげさまで、～」(덕분에~)와 같은 표현을 추가하거나, 간단하게 「ええ、おかげさまで」(네, 덕분에요)라고 할 수도 있습니다.

10 오래간만입니다.

お久(ひさ)しぶりです。

ご無沙汰(ぶさた)しております。

11 별고 없으십니까?

お変(か)わりありませんか。

お変(か)わりございませんか。

12 그대로이시네요.

ちっともお変わりになりませんね。

외출

13 다녀오세요.

行ってらっしゃい。

14 다녀오겠습니다.

行って来ます。

行ってまいります。

해설 「行ってまいります」는 좀 더 격식을 차린 공손한 표현입니다.

15 다녀왔습니다.

ただいま。

해설 좀 더 정중하게 「ただいま帰りました」라고도 하며, 회사에서는 「ただいま戻りました」라고 합니다.

16 어서 오세요.

お帰りなさい。

17 먼저 실례하겠습니다.

お先(さき)に失礼(しつれい)します。

お先(さき)に失礼(しつれい)いたします。

18 또 찾아뵙겠습니다.

また、参(まい)ります。

また、伺(うかが)います。

また、お伺(うかが)いします。

감사

19 고맙습니다.

ありがとうございます。

> 해설 앞에 「どうも〜」(정말〜)와 같은 표현을 추가해도 좋습니다.

20 신세를 졌습니다.

お世話になりました。

해설 앞에 「大変~」(대단히~), 「どうも~」(정말~)와 같은 표현을 추가해도 좋습니다.

21 앞으로도 잘 부탁드리겠습니다.

今後ともよろしくお願いいたします。

해설 앞에 「これをご縁に、~」(이것을 인연으로~)와 같은 표현을 추가해도 좋습니다.

22 아니오. 별말씀을요.

いいえ、どういたしまして。

23 아무런 도움도 되지 못해서.

何のお役にも立てませんで。

02 전화

1 여보세요, 김○○ 라고 합니다만.

もしもし、キムと申しますが。

> 해설 전화를 거는 때가 늦은 시각이라면 「夜分恐れ入ります」(밤중에 죄송합니다), 「お休みのところを、恐れ入ります」(쉬시는 데 죄송합니다)와 같은 표현을 추가해도 좋습니다.

2 사토 씨 계신가요?

佐藤さんいらっしゃいますか。

> 해설 답변은 「はい、佐藤でございます」(네, 사토입니다만), 「はい、私ですが」(네, 접니다만) 등으로 하는 것이 자연스럽습니다.

3 사토 씨의 휴대전화인가요?

佐藤さんの携帯電話でしょうか。

> 해설 답변은 「はい、そうですが」(네, 그렇습니다만)라고 하는 것이 자연스럽습니다.

4 실례지만 누구신가요?

失礼ですが、どちら様でしょうか。

恐れ入りますが、どちら様でしょうか。

申し訳ありませんが、どちら様でしょうか。

> **해설** 상대의 이름을 잘 못 알아들었을 때는 「お名前をもう一度お願いできますか」
> (성함을 다시 한번 말씀해 주시겠습니까?) 라고 합니다.

5 지금 통화 괜찮으신가요?

今、お電話よろしいですか。

今、お電話よろしいでしょうか。

6 사토 씨 바꿔주시겠습니까?

佐藤さんをお願いできますか。

佐藤さんに代わっていただけますか。

7 잠시만 기다려주세요. 지금 사토 씨를 바꿔드리겠습니다.

少々お待ちください。ただいま佐藤と代わります。

しばらくお待ちください。ただいま佐藤と代わります。

해설 회사에서 외부 사람에게 자기 회사 사람의 이름을 언급할 때에는 직급을 붙이지 않고 성만 말하는 것이 예의입니다. 「ただいま〜と代わります」에서 「〜と」는 「〜に」로 바꿀 수도 있습니다.

8 전화바꿨습니다. 사토입니다.
お電話代わりました。佐藤です。

9 사토 씨는 지금 부재 중입니다만.
佐藤はただいま留守にしておりますが。

사토 씨는 지금 자리를 비웠습니다.
佐藤はただいま席を外しております。

사토 씨는 지금 외출 중입니다.
佐藤はただいま外出しております。

佐藤はただいま出かけております。

표현 今ちょっと 지금 잠시
해설 앞에 「あいにく〜」(공교롭게도〜)와 같은 표현을 추가해도 좋습니다.

10 실례지만, 다시 한번 말씀해주시겠습니까?
失礼ですが、もう一度おっしゃっていただけますか。

恐(おそ)れ入りますが、もう一度(いちど)おっしゃっていただけますか。

申(もう)し訳(わけ)ありませんが、もう一度(いちど)おっしゃっていただけますか。

표현 大(おお)きな声(こえ)で 큰 목소리로　　もう少(すこ)しゆっくり 조금 더 천천히
해설 중간에 「声(こえ)が遠(とお)いので〜」(목소리가 잘 안 들려서〜)와 같은 표현을 추가해도 좋습니다.

11 그렇습니까? 몇 시쯤 돌아오시나요?

そうですか。何時(なんじ)ごろお帰(かえ)りになりますか。

해설 가정집에서는「お帰(かえ)りになりますか」, 회사에서는「お戻(もど)りになりますか」라고 하는 것이 자연스럽습니다.

12 오늘은 늦는다는 연락이 있었습니다만.

今日(きょう)は遅(おそ)くなるという連絡(れんらく)がありましたが。

오늘은 늦는다고 합니다.

今日(きょう)は遅(おそ)くなるとのことでした。

今日(きょう)は遅(おそ)くなるとのことです。

13 무슨 용건이신가요?

どのようなご用件でしょうか。

どういったご用件でしょうか。

14 말씀드릴 일이 있어 전화했습니다만.

お話したいことがあってお電話したんですけど。

15 지금 다른 전화를 받고 있습니다만, 기다리시겠습니까?

ただいま、他の電話に出ておりますが、お待ちになりますか。

16 다시 걸겠습니다.

またかけなおします。

またかけなおさせていただきます。

またお電話いたします。

표현 また改めて 다시   後ほどまた 나중에 다시
해설 앞에 「それでは〜」(그럼〜)와 같은 표현을 추가해도 좋습니다.

17 실례지만 성함을 말씀해 주시겠습니까?

失礼ですが、お名前をいただけますか。

失礼ですが、お名前を頂戴できますか。

실례지만, 누구라고 전해드릴까요?

失礼ですが、どちら様とお伝えしましょうか。

18 아, 먼저 말씀드렸어야 하는데. 국제상사의 김영문이라고 합니다.

ああ、申し遅れました。国際商社のキム・ヨンムンと申します。

19 김영문 씨이시군요.

キム・ヨンムン様でいらっしゃいますね。

20 그럼 실례하겠습니다.

それでは、失礼いたします。

21 실례지만, 어디에 거셨나요?

失礼ですが、何番におかけですか。

22 실례했습니다. 잘못 걸었습니다.

失礼しました。番号を間違えたようです。

23 말씀 좀 전해주시겠습니까?

伝言をお願いします。

伝言をお願いできますか。

伝言をお願いしたいんですが。

伝言をお願いしたいんですが、よろしいでしょうか。

> 표현 ご伝言を / 言付けを / お言伝を 말씀을
> 해설 「〜たいんですが」는 정해진 표현입니다. 「〜たいですが」라고 하지 않도록 주의하시기 바랍니다.

24 국제상사의 김으로부터 전화가 왔었다고 전해주시겠습니까?

国際商社のキムから電話があったとお伝えいただけますか。

国際商社のキムから電話があったことをお伝えください。

国際商社のキムから電話があったとだけお伝えくださいますか。

25 그럼 그 시간에 다시 한번 전화드리겠다고 전해 주십시오.

では、その時間にもう一度お電話いたしますとお伝えください。

では、その時間にもう一度お電話さしあげますとお伝えください。

표현	その頃 그 때	一時間後に 한 시간 뒤에	午後に 오후에
	2時頃 두 시쯤	明日 내일	

26 돌아오시면 전화 부탁드린다고 전해 주십시오.

お帰りになったら、お電話くださるようお伝えください。

27 만약을 위해 다시 한번 확인하겠습니다. 김○○ 님으로부터 전화가 왔었다고 전해드리면 될까요?

念のため復唱させていただきます。キム様からお電話があった、ということでよろしいでしょうか。

표현 午後にもう一度お電話くださる 오후에 다시 한번 전화 주신다
契約ができた 계약이 성사되었다
一時間後に電話してほしい 한 시간 뒤에 전화 부탁드린다

28 알겠습니다. 전달하도록 하겠습니다.

かしこまりました。お伝えします。

かしこまりました。申し伝えます。

해설 중간에 「キム様からお電話がございましたことを〜」(김○○ 님으로부터 전화가 왔었다고〜)와 같이 구체적인 내용을 추가해도 좋습니다.

29 이쪽에서 전화드리도록 전해드리면 될까요?

折り返しお電話差し上げるようお伝えしましょうか。

30 전화번호를 가르쳐 주시겠습니까?

お電話番号をいただけますか。

お電話番号を教えていただけますか。

お電話番号をお願いできますか。

03 약속

1 꼭 만나뵙고 싶습니다.

ぜひお会いしましょう。

ぜひお会いしたいのですが。

ぜひお会いできればと思うんですが。

> 표현 **機会があれば** 기회가 되면

2 몇 시에 어디서 만날까요?

何時にどこでお会いしましょうか。

3 시간과 장소를 정해주시겠어요?

時間と場所を決めていただけますか。

時間と場所は、ご指定ください。

4 언제가 좋으세요?

いつがよろしいですか。

いつがよろしいでしょうか。

> 표현 お時間は何時頃が 시간은 몇 시쯤이
> 해설 방문할 때는 「いつお伺いすれば〜」(언제 찾아뵈면〜)라는 표현을 추가하는 것이 좋습니다.

5 목요일은 어떠신가요?

木曜日はいかがですか。

목요일은 시간 어떠신가요?

木曜日は、お時間いかがですか。

木曜日のご都合は、いかがですか。

목요일은 다른 예정이 있으신가요?

木曜日は、何かご予定ございますか。

목요일은 바쁘신가요?

木曜日はお忙しいですか。

> 표현 (今週の・来週の) 木曜日 (이번주 / 다음주) 목요일
> (今度の・次の) 週末 (이번 / 다음) 주말
> (今度の・次の) 日曜日 (이번 / 다음) 일요일
> (今日の・明日の) 午後 (오늘 / 내일) 오후

> **해설** 日曜日(にちようび)는 주말에 포함되지만 달력상 주초에 해당하므로 今週(こんしゅう)の, 来週(らいしゅう)の와 함께 사용하는 것은 피하는 것이 좋습니다.

6 목요일은 괜찮습니다.
木曜日(もくようび)は大丈夫(だいじょうぶ)です。

목요일이라면 괜찮습니다.
木曜日(もくようび)なら大丈夫(だいじょうぶ)です。

木曜日(もくようび)でしたら大丈夫(だいじょうぶ)です。

7 죄송하지만, 그 날은 선약이 있어서요.
申(もう)し訳(わけ)ございませんが、その日(ひ)は先約(せんやく)がございまして。

> **표현** ちょっと都合(つごう)がつかないもので 시간 내기가 어려워서요
> 予定(よてい)が入(はい)っておりまして 약속이 있어서요
> ちょっと立(た)て込(こ)んでおりまして 좀 바빠서요

8 그러면 다음주에 뵙겠습니다.
それでは、来週(らいしゅう)お会(あ)いしましょう。
それでは、来週(らいしゅう)お目(め)にかかります。

9 어디서 만날까요?

どこでお会いしましょうか。

どこがよろしいでしょうか。

표현 **どちら** 어느 쪽　　　　　**どの辺** 어디쯤

10 어디, 자주 가는 곳 있으세요?

どこか、よく行かれる場所はありますか。

11 신주쿠역 남쪽 출구에서 만나요.

新宿駅の南口でお会いしましょう。

新宿駅の南口はいかがですか。

12 회사로 찾아뵙겠습니다.

御社に伺います。

御社にお伺いします。

13 저희 회사는 어떠신가요?

弊社でいかがですか。

이쪽으로 와 주실 수 있으세요?

こちらの方(ほう)に来(き)ていただけますか。

> 해설 앞에 「不都合(ふつごう)でなければ、〜」(괜찮으시다면〜)와 같은 표현을 추가해도 좋습니다.

14 제가 마중 나가겠습니다.

私(わたし)がお迎(むか)えに上(あ)がります。

私(わたし)がお迎(むか)えに参(まい)ります。

> 표현 車(くるま)で 자동차로

15 6시에 하치 동상 앞에서 만나요.

6時(じ)にハチ公前(こうまえ)でお会(あ)いしましょう。

오후 2시에 귀사에 찾아뵙는 것으로 괜찮으신가요?

午後(ごご)2時(じ)に、御社(おんしゃ)にお伺(うかが)いするということで、よろしいでしょうか。

16 그럼 확실히 정해지면 다시 연락드리겠습니다.

では、はっきり決(き)まりましたら、またご連絡(れんらく)します。

만약 변경이 있으면 연락 주세요.

もし変更(へんこう)があれば、ご連絡(れんらく)ください。

17 약속을 6시 반으로 변경할 수 없을까요?

約束(やくそく)を6時半(じはん)に変更(へんこう)できないでしょうか。

約束(やくそく)を6時半(じはん)に変更(へんこう)できませんでしょうか。

約束(やくそく)を6時半(じはん)に変更(へんこう)してはいただけないでしょうか。

약속을 6시 반으로 변경하고 싶은데요.

約束(やくそく)を6時半(じはん)に変更(へんこう)していただきたいのですが。

> **해설** 앞에 「申(もう)し訳(わけ)ございません、~」(죄송합니다, ~)이나 「急(きゅう)な予定(よてい)が入(はい)りまして、~」(급한 약속이 생겨서~)와 같은 표현을 추가해도 좋습니다.

18 약속을 취소해도 될까요?

お約束(やくそく)を取(と)り消(け)ししてもよろしいでしょうか。

お約束(やくそく)を取(と)り消(け)しさせていただけないでしょうか。

> 해설 앞에 「大変申し訳ございませんが、〜」(정말 죄송하지만, 〜)와 같은 표현을 추가해도 좋습니다.

19 지금 어디신가요?

今どちらでしょうか。

今どちらにいらっしゃいますか。

20 죄송합니다. 약속 시간에 늦을 것 같습니다만.

申し訳ございません。お約束の時間に遅れそうなんですが。

申し訳ございません。お約束の時間に遅れてしまいそうなんですが。

21 많이 기다리신거 아니에요?

だいぶお待ちになったんじゃありませんか。

> 해설 「〜んじゃありませんか」(〜ㄴ 거 아닌가요?)는 완곡한 표현입니다. 강하게 따지는 「〜じゃありませんか」(〜했잖아요!)와 혼동하지 않도록 주의해야 합니다.

04 초대·권유

1 토요일 오후에 바쁘신가요?

土曜日の午後はお忙しいですか。

토요일 오후에 시간 있으세요?

土曜日の午後、お時間おありですか。

> 표현　金曜日の夕方 금요일 저녁　　月曜日のお昼 월요일 낮
> 　　　今度の週末 이번 주말

2 식사에 초대를 하고 싶은데요.

食事にお誘いしたいんですが。

> 해설　외식일 때는 お誘い, 집에 초대할 때는 ご招待라고 합니다.

3 한잔하러 가지 않을래요?

飲みに行きませんか。

飲みにいらっしゃいませんか。

> 해설　술 마시러 가자고 할 때 표현입니다. 다른 음료인 경우는 앞에 「お茶でも〜」(차라도〜), 「コーヒーでも〜」(커피라도〜), 「何か冷たいものでも〜」(뭔가 시원한 것이라도〜)와 같이 구체적인 말이 필요합니다.

4 차라도 드시겠습니까?

お茶でも召し上がりませんか。

お茶でもいかがですか。

> 표현 冷たい物 시원한 것   サンドイッチ 샌드위치   お菓子 과자
> 　　　コーヒー 커피　　　　飲み物 마실 것
> 해설 冷たい物는 음료수나 아이스크림 등을 말합니다.

5 와 주시겠습니까?

来ていただけますか。

いらしていただけますか。

いらっしゃっていただけますか。

お出でいただけますか。

와 주셨으면 하는데요.

来ていただけないかと思いまして。

来ていただければと思うんですが。

6 파티에 와 주시겠습니까?

パーティーにいらしていただけますか。

パーティーにいらしていただけませんか。

파티에 참석하시겠어요?

パーティーに参加なさいませんか。

표현 会合 회합　　　　　　　会議 회의

7 별로 대접은 못 해드리지만 꼭 와 주시겠습니까?

何のお構いもできませんが、ぜひいらっしゃっていただけませんか。

8 사토 씨도 오시지 않겠습니까?

佐藤さんもいらっしゃいませんか。

佐藤さんもいかがですか。

해설 「〜も」 뒤에 「ご一緒に」(함께)를 넣을 수도 있습니다.

9 부인분과 함께 와 주시기 바랍니다.

奥様とご一緒にいらっしゃってください。

표현 ご家族の皆さん 가족분들　　　お友達 친구분

10 몸만 오세요.

手ぶらでいらっしゃってください。

> 해설 '몸만'이라는 말을 일본어로 직역하면 「体だけ」이지만, 「体だけ来てください」라고는 하지 않습니다.

11 언제라도 와 주시기 바랍니다.

いつでもいらしてください。

いつでもいらっしゃってください。

12 자세한 것은 나중에 알려 드리겠습니다.

詳しくは後ほどお知らせします。

詳しくは後ほどご連絡します。

05 방문

1 계십니까?

ごめんください。

> 해설 「ごめんください」는 방문했을 때 집 안의 사람을 부르는 말입니다. 「ごめんなさい」(미안합니다)와 혼동하지 않도록 주의해야 합니다.

2 여기는 사토 씨 댁인가요?

こちらは佐藤様のお宅ですか。

3 사토 씨를 뵈러 왔습니다만.

佐藤様にお目にかかりたいんですが。

佐藤様にお会いしたいんですが。

4 실례하겠습니다.

失礼します。

> 해설 가정집에 방문했을 때는 「お邪魔します」를 사용합니다.

5 늦어서 죄송합니다.

遅くなって申し訳ございません。

遅くなりまして申し訳ございません。

遅くなってしまい申し訳ございません。

6 초대해 주셔서 감사합니다.

お招きいただき、ありがとうございます。

ご招待くださってありがとうございます。

7 이거 별 것 아닙니다만.

これ、つまらないものですが。

이거 마음에 드실지 어떨지…….

これ、気に入ってくださるかどうか……。

8 집이 좋네요.

いいお宅ですね。

いいお住まいですね。

| 표현 | **すてきな** 멋진 | **すばらしい** 훌륭한 |

9 정원이 멋지군요.

すてきなお庭ですね。

趣のあるお庭ですね。

すばらしいお庭ですね。

> 해설 앞에 「本当に〜」(정말〜), 「実に〜」(참으로〜)와 같은 표현을 추가해도 좋습니다.

10 부디 편히 계세요.

どうぞ、お構いなく。

どうぞ、お気遣いなさらないでください。

11 밤에 커피를 마시면 잠을 잘 수 없어서요.

夜にコーヒーを飲んだら眠れなくなるものですから。

> 표현 お茶 차   紅茶 홍차
> カーフェインのあるもの 카페인이 있는 것
> 해설 「〜ものですから」는 변명할 때 자주 사용하는 표현입니다.

12 화장실을 빌려도 될까요?

お手洗いをお借りしてもいいですか。

お手洗いを拝借してもいいですか。

13 슬슬 일어나겠습니다.

そろそろお暇します。

そろそろお暇いたします。

そろそろお暇しないと。

> 해설 앞에 「すみません。~」(죄송합니다. ~) 또는 「え、もう○時ですか。~」(아니, 벌써 ○시인가요? ~) 등의 표현을 추가해도 좋습니다.

14 그만 너무 오래 있었네요.

すっかり長居してしまいました。

すっかり長居してしまいまして。

15 대단히 폐를 끼쳤습니다.

どうもお世話様でした。

16 마음으로부터의 대접, 감사합니다.

心からのおもてなし、ありがとうございました。

마음이 담긴 대접 감사합니다

心のこもったご馳走をありがとうございました。

17 오늘은 정말 감사했습니다.

今日は本当にご馳走様でした。

아주 즐거웠습니다.

すごく楽しかったです。

18 언제 저희 집에도 꼭 와 주세요.

いつかうちにもぜひお越しください。

언제 저희 집에도 초대하겠습니다.

いつかうちにもご招待いたします。

19 그럼, 실례하겠습니다.

では、失礼します。

では、失礼いたします。

20 나오지 마세요.

どうぞ、そのままでけっこうです。

どうぞ、そのままでけっこうですので……。

> 해설 「**そのまま**」(그대로)는 여기서 '집 안에 있는 그대로'라는 뜻으로, 나와서 바래다 주지 않아도 괜찮다는 뜻을 나타냅니다.

06 접객

1 누구세요?

どちら様ですか。

해설 초인종이 울렸을 때 보이지 않는 방문자에 대해서 사용하는 표현입니다.

2 어서 오세요.

ようこそいらっしゃいました。

해설 상점이나 음식점 등에서는 「いらっしゃいませ」라고 합니다.

3 기다리고 있었습니다.

お待ちしてました。

お待ちしておりました。

4 어서 들어오세요.

どうぞお入りください。

해설 가정집처럼 신발을 벗고 들어가는 곳이라면 「どうぞお上がりください」라고 합니다.

5 와 주셔서 감사합니다.

お出でくださり、ありがとうございます。

6 피곤하시죠?

お疲れでしょう。

7 <u>바쁘신 와중에</u> 와 주셔서 감사합니다.

お忙しいところ、お越しいただきまして、ありがとうございます。

お忙しいところ、お出でいただきまして、ありがとうございます。

お忙しいところ、ご足労いただきまして、ありがとうございます。

> 표현 お暑い中を 무더운 와중에

8 우시는 길은 괜찮으셨나요?

お足元は大丈夫でしたか。

궂은 날씨에도 와 주셔서 감사합니다.
お足元の悪い中をご足労いただきまして、申し訳ございません。

> 해설 비나 눈이 와서 날씨가 좋지 않을 때 찾아온 초대 손님에게 하는 인사말입니다.

9 귀중한 것을 주셔서 감사합니다.
すばらしいものをくださり、ありがとうございます。

신경쓰지 않으셔도 되는데…….
そんな気を使っていただかなくてもいいのに……。

10 이것은 받을 수 없습니다.
これはいただくわけにはいきません。
これはお受けするわけにはいきません。

> 해설 앞에「お気持ちはありがたいんですが、～」(마음은 감사하지만~)와 같은 표현을 추가해도 좋습니다.

11 마음만 받겠습니다.

お気持ちだけいただきます。

마음만 감사히 받겠습니다.

お気持ちだけありがたくいただきます。

12 어서 앉으세요.

どうぞお座りください。

> 해설 의자일 경우에는 「おかけください」라고 하고, 앉은 사람에게 방석을 권할 때는 「お当てください」라는 표현을 사용합니다.

13 편히 계세요.

お楽になさってください。

楽にお座りください。

足をくずしてください。

> 해설 앞에 「どうぞ～」(아무쪼록~) 또는 「遠慮なさらないで、～」(사양하지 마시고~) 와 같은 표현을 추가해도 좋습니다.

14 마실 것은 무엇으로 하시겠습니까?

お飲み物は何になさいますか。

15 커피는 어떠신가요?

コーヒーはいかがですか。

> 표현 お茶(ちゃ) 차　　　冷(つめ)たい物(もの) 시원한 것

16 어서 드세요.

どうぞ、お召(め)し上(あ)がりください。

どうぞ、召(め)し上(あ)がってください。

17 입에 맞으실 지 모르겠지만, 드세요.

お口(くち)に合(あ)うかどうか分(わ)かりませんが、どうぞ。

18 식기 전에 드세요.

さめないうちにお召(め)し上(あ)がりください。

さめないうちに召(め)し上(あ)がってください。

> 표현 熱(あつ)いうちに 뜨거울 때에

19 입맛에 맞으시나요?

お口(くち)に合(あ)いますか。

20 천천히 즐기세요.

ごゆっくりどうぞ。

> 해설 앞뒤 순서를 바꿔서「どうぞごゆっくり」라고 해도 좋습니다.「ゆっくり」는 한 자어가 아니지만 미화어로 표현할 때 앞에「ご~」를 붙여「ごゆっくり」라고 한 다는 점에 유의하시기 바랍니다.

21 더 드릴까요?

おかわりはいかがですか。

22 그만 너무 붙잡고 있었네요.

すっかりお引き止めしてしまって。

23 제대로 대접도 못 해드려서 죄송했습니다.

お構いもできませんで、失礼いたしました。

おもてなしもできませんで、申し訳ございませんでした。

> 해설 이때「できませんで」대신「できず」라고 할 수도 있습니다.

24 또 와 주세요.

またいらしてください。

またぜひいらしてください。

またいらっしゃってください。

> 해설 앞에 「大したおもてなしはできませんが〜」(대단한 대접은 못 해드리지만〜) 와 같은 표현을 추가해도 좋습니다.

25 조심히 돌아가세요.

お気を付けてお帰りください。

> 해설 뒷부분의 「お帰りください」를 생략해도 좋습니다.

26 댁까지 차로 바래다 드리겠습니다.

お宅まで車でお送りします。

07 부탁·주문

부탁

1 내일 아침 10시에 와 주시겠습니까?

明日１０時に来ていただけますか。

표현
- お力になって 도와
- 静かにして 조용히 해
- お立ち(になって) 일어서
- もう一度おっしゃって 한 번 더 말씀해
- お話(になって) 말씀해
- ご連絡 연락

해설 「～いただけますか」는 부탁할 때 가장 잘 쓰이는 표현입니다. 상대방에게 부담되지 않거나 보통 거절하지 않을 것이라고 생각되는 부탁을 할 때 사용합니다. 「～いただきますか」와 같이 가능형을 빼먹는 오류를 하지 않도록 조심해야 합니다.

2 이 책을 빌릴 수 있을까요?

この本を貸していただけませんか。

해설 「～いただけませんか」는 「～いただけますか」와 비슷하지만, 상대방이 거절해도 당연하다 싶은 부탁을 할 때 사용합니다. 그러므로 펜 같은 것을 잠깐 쓸 때는 「貸していただけますか」라고 해도 되겠지만, 本이나 お金 같은 것을 빌려 가야 힐 때는 「貸していただけませんか」라고 하는 것이 좋습니다. 또한 「静かにしていただけますか」보다 「静かにしていただけませんか」가 좀 더 조심스럽고 정중하게 들립니다. 여기서도 가능형을 빼먹지 않도록 주의해야 합니다.

3 이사 도와주시겠어요?

引っ越しを手伝ってくださいませんか。

> 해설 「~くださいませんか」는 「~いただけませんか」와 비슷하지만, '내가 원한다'는 뜻에 살짝 중점을 두고 부탁하는 표현입니다. 「いただく」의 활용과 달리 「くださる」의 활용에서는 가능형을 사용하지 않으므로 주의해야 합니다.

4 기다려 주실 수 있으세요?

お待ちいただけますでしょうか。

> 해설 「~いただけますでしょうか」는 조심스럽게 상대방에게 부탁하는 표현입니다. 「~いただけるでしょうか」라고 해도 정중함과 조심스러운 느낌은 같습니다. 단, 「~いただけますでしょうか」는 약간 저자세인 듯한 느낌을 주기 때문에 「~いただけるでしょうか」라고 하는 것이 좋다고 생각하는 사람도 있습니다.

5 일본어를 확인해 주셨으면 하는데요.

日本語をチェックしていただきたいんですが。

日本語をチェックしていただきたいんですけど。

> 해설 「~いただきたいんですが」는 완곡하게 부탁하는 표현입니다. 「~けど」는 「~が」와 같은 뜻이지만 좀 더 구어적인 표현입니다.

6 교환해 주시면 감사하겠습니다만.

交換（こうかん）していただけるとありがたいんですが。

交換（こうかん）していただけるとありがたいんですけど。

> 해설 「~いただけるとありがたいんですが」는 「~いただきたいんですが」보다 더 완곡하게 부탁하는 표현입니다. 상대방에게는 성가신 일이겠지만 나에게는 절실한 일이라는 뉘앙스를 나타냅니다.

7 다시 한번 말씀해 주세요.

もう一度（いちど）おっしゃってください。

> 해설 「~ください」는 부탁하는 가장 기본적인 표현이지만, 직선적이고 명령조로 들릴 수 있기 때문에 위 예문처럼 요구하는 내용이 극히 당연하거나, 상대방에게 이득이 될 때 외에는 잘 사용하지 않습니다.

8 검토 부탁드립니다.

ご検討（けんとう）をお願（ねが）いします。

ご検討（けんとう）のほど、よろしくお願（ねが）いします。

> 해설 「~(を)お願（ねが）いします」는 부탁의 뜻을 나타내는 완곡하면서도 편리한 압축 표현입니다. 「ご検討（けんとう）なさってください」라고 할 때 느낄 수 있는 날카로운 분위기를 부드럽게 해 줍니다. 좀더 격식을 차리기 위해 「~のほど、(よろしく)お願（ねが）いします」라고 할 수도 있는데, コーヒー처럼 구체적인 사물이나 「ゆっくり」(천천히), 「大（おお）きな声（こえ）で」(큰 목소리로)와 같이 부사가 쓰인 경우에는 「~のほど、(よろしく)」를 쓸 수 없습니다.

9 여기 뒷정리를 부탁드려도 될까요.

こちらの後片付けをお願いできますか。

> **해설** 「~(を)お願いできますか」는 「~(を)お願いします」보다 좀 더 조심스럽게 부탁하는 표현입니다. 「お願いします」가 상대방이 당연히 해 주어야 할 일을 부탁하거나 지시하는 데 비해, 「お願いできますか」는 완곡하게 부탁할 때 사용합니다. 예를 들어, 「コーヒー1杯お願いできますか」(커피 한 잔 부탁해도 될까요?)라고 하거나, 상대방이 하는 말이 잘 들리지 않을 때 「もう少し大きな声でお願いできますか」(조금 더 큰 목소리로 부탁드릴 수 있을까요?)라고 하는 등입니다.

10 다시 한번 설명해주시겠습니까?

もう一度ご説明願えませんでしょうか。

> **해설** 「~願えませんでしょうか」는 「~お願いします」보다 훨씬 정중하고, 약간 애원하는 느낌이 있는 표현입니다.

11 부탁이 있는데요.

お願いがあるんですが。

> **해설** 「~んですけど」를 좀 더 격식 있게 말할 때는 「~んですが」라고 합니다. 여기서는 구체적인 이야기에 들어가기 전의 서론처럼 사용하고 있습니다. 이것이 「個人的なお願いなんですが」(개인적인 부탁인데요)와 같은 표현이 되면 좀 더 구체적으로 어떤 부탁인지 알 수 있게 됩니다.

12 추천장때문에 부탁이 있는데요.

推薦状の件でお願いがありまして。

> 해설 「お願いがありまして」는 「お願いがあるんですが」보다 조심스러운 표현입니다. 문장이 이어질 것 같은 뉘앙스로 뒷문장을 생략합니다.

13 표를 사고 싶은데요.

切符を買いたいんですが。

> 해설 「〜たいんですが」는 부탁을 할 때 먼저 무엇을 하고 싶은지를 말하는 표현입니다. 이때 「〜ん」을 빼먹고 「〜たいですが」가 되지 않도록 주의해야 합니다.

14 부탁드려도 될까요?

お願いしてもいいですか。

> 해설 「〜てもいいですか」는 허가해주기를 부탁하는 표현입니다.

15 화장실을 빌려도 될까요?

トイレをお借りしてもよろしいですか。

> 해설 「〜てもよろしいですか」는 「〜てもいいですか」보다 정중한 표현입니다.

16 사토 씨에게 부탁드리면 안 될까요?

佐藤様におねがいするわけにはいきませんか。

> 해설 「~(する)わけにはいきませんか」는 「~てもいいですか」보다 훨씬 정중한 표현으로, 그렇게 행동해도 되는지 물어보면서 허가해주기를 완곡하게 부탁하는 표현입니다.

17 괜찮으시면 여기 기입해 주시겠습니까?

よろしければ、こちらにご記入いただけますか。

お差し支えなければ、こちらにご記入いただけますか。

ご迷惑でなければ、こちらにご記入いただけますか。

> 해설 앞에 「もし~」(혹시~)와 같은 표현을 추가해도 좋습니다.

18 부디 잘 부탁드리겠습니다.

なにとぞよろしくお願いいたします。

どうかよろしくお願いいたします。

주문

19 시부야로 가 주세요.
渋谷までお願いします。

> 해설 「～までお願いします」는 택시에서 손님이 상투적으로 사용하는 표현입니다.

20 주문은 정하셨나요?
ご注文はお決まりでしょうか。

> 해설 음식점에서 종업원들이 사용하는 표현입니다. 이에 대해서는 「**カレーをください**」(카레 주세요)라든가 「**大盛り / 普通でお願いします**」(곱빼기 / 보통으로 주세요)와 같이 주문합니다.

08 수락·허가

1 좋아요.

いいですよ。

けっこうですよ。

> 해설 「~よ」의 억양은 의문문처럼 올려야 수락한다는 뜻을 상대방에게 나타낼 수 있습니다.

2 알겠습니다.

分(わ)かりました。

> 해설 「分(わ)かります」라고 하면 '이해합니다'의 뜻이 되기 때문에 주의해야 합니다.

3 알겠습니다.

了解(りょうかい)です。

> 해설 「分(わ)かりました」와 같은 뜻이지만 이보다 좀 더 가벼운 느낌을 주는 표현입니다. 가볍게 「了解(りょうかい)」라고 할 때도 있습니다.

4 알겠습니다.

かしこまりました。

> 해설 「分(わ)かりました」보다 정중한 표현입니다. 주로 가게에서 손님을 상대할 때 사용합니다.

5 알겠습니다.

承(しょう)知(ち)いたしました。

> 해설 「分(わ)かりました」보다 정중한 표현입니다. 주로 직장 상사나 거래처 사람에게 사용합니다.

6 그렇게 하겠습니다.

お引(ひ)き受(う)けいたします。

> 해설 상대방의 부탁을 받아들일 때 사용하는 표현입니다.

7 기꺼이 하겠습니다.

喜(よろこ)んでさせていただきます。

喜(よろこ)んでやらせていただきます。

喜(よろこ)んでそうさせていただきます。

8 제가 하겠습니다.

私(わたし)がさせていただきます。

私(わたし)がやらせていただきます。

9 맡겨 주십시오.

お任(まか)せください。

10 저라도 괜찮으시다면.

わたくしでよければ。

わたくしでよろしければ。

11 일전의 일은 알겠습니다.

先日(せんじつ)の件(けん)は承知(しょうち)いたしました。

先日(せんじつ)の件(けん)は承(うけたまわ)りました。

해설 「承知(しょうち)いたしました」를 좀 더 가볍게 「承知(しょうち)しました」라고 해도 좋습니다.

12 예약되셨습니다.

ご予約(よやく)を承(うけたまわ)りました。

13 그래도 상관없습니다.

それでかまいません。

それでけっこうです。

14 어려워마시고 무엇이든 말씀하세요.

気(き)にしないで、何(なん)でもおっしゃってください。

気(き)になさらないで、何(なん)でもおっしゃってください。

09 거절

1 됐습니다.

けっこうです。

2 말씀은 감사하지만 괜찮습니다.

お言葉(ことば)はありがたいんですが、大丈夫(だいじょうぶ)です。

お言葉(ことば)はありがたいんですけど、大丈夫(だいじょうぶ)です。

표현 お気持(きも)ち 마음

3 감사합니다. 하지만 괜찮습니다.

ありがとうございます。でも、大丈夫(だいじょうぶ)です。

4 거절하겠습니다.

お断(ことわ)りします。

お断(ことわ)りいたします。

5 죄송합니다. 그건 좀······.

すいません。それはちょっと。

> 해설 「〜はちょっと」는 '〜은 안 된다'라는 뜻으로, 상대방의 요구를 들어줄 수 없음을 나타냅니다. 「すみません」은 회화에서 「すいません」이라고도 발음합니다.

6 그러시면 곤란합니다.

そういうことをしていただくと、困るんですが。

7 삼가 주시겠습니까?

ご遠慮いただけますか。

8 내일은 좀 볼 일이 있어서.

明日はちょっと用事がありまして。

9 지금 손을 놓을 수가 없어서.

今手が離せないものですから。

> 해설 「〜ものですから」는 거절하는 이유를 변명하는 표현으로, 사과하는 마음을 나타냅니다.

10 어렵습니다.

いたしかねます。

できかねます。

11 도움이 되지 못해서 죄송합니다.

お役に立てなくて、申し訳ありません。

お力になれなくて、申し訳ありません。

お力添えできなくて、申し訳ありません。

12 생각해봐도 될까요?

考えさせていただけませんか。

> 해설 앞에「よく~」(잘~),「もう少し~」(조금 더~),「しばらく~」(조금~)와 같은 표현을 추가해도 좋습니다.

13 죄송하지만 다른 데를 알아보시겠어요?

申し訳ありませんが、他に当たってみていただけますか。

14 이번에는 어렵겠습니다.

今回は見送らせていただけますか。

> 해설 앞에 「申し訳ありませんが、～」「すいませんけど、～」(죄송하지만～)와 같은 표현을 추가해도 좋습니다.

15 죄송하지만 선약이있어서.

すみませんが、先約があるものですから。

16 공교롭게도 현금이 없는데요.

あいにく持ち合わせがないんですけど。

> 표현 現金 / キャッシュ 현금
> 해설 지금 가지고 있어서 당장 쓸 수 있는 돈을 持ち合わせ라고 합니다.

17 이해해주세요.

お汲み取りください。

> 해설 거절해야 하는 사정을 상대방에게 이해해달라는 표현입니다. 앞에 「なにとぞ～」 「どうか～」(부디~)와 같은 표현을 추가해도 좋습니다.

18 죄송하지만, 어렵습니다.

残念ながら、いたしかねます。

残念ながら、ご希望には添えません。

> 해설 「残念ながら」는 나의 대답에 상대방이 실망할 것이라고 전제되어 있는 표현입니다. 「添えません」은 「添う」(부합되다)의 가능형인 「添える」의 부정형입니다.

19 감사한 말씀이지만, 받아들일 수 없습니다.

せっかくですが、お引き受けできません。

> 해설 「せっかくですが」는 상대방의 제안에 감사하는 마음과 함께 그것을 받아들이지 못한다는 미안함을 나타냅니다.

20 감사한 말씀이지만, 사양하겠습니다.

ありがたいお話ではございますが、ご辞退させていただきたいと思います。

> 해설 「ありがたいお話ではございますが」는 「せっかくですが」와 비슷하지만, 명예롭거나 영광스러운 일이나 받아들일 수 없다는 뜻을 나타낼 때 사용하는 표현입니다.

21 정말 마음은 괴롭지만, 이번 일은 없었던 것으로 해 주실 수 없을까요?

大変心苦しいのですが、今回のお話はなかったことにしていただけませんか。

> 표현 **大変申し訳にくいのですが** 대단히 말씀드리기 곤란하지만
> 해설 「大変心苦しいのですが」는 거절하면 상대방에게 피해를 준다고 생각될 때 사용합니다.

22 사정은 딱하지만, 저는 힘이 되어 드릴 수 없습니다.

お気の毒ですが、私はお力になれません。

> 해설 「お気の毒ですが」는 도와주지 못하는 부탁을 받았는데, 누군가의 도움이 없으면 상대방이 큰 피해를 입게 된다고 생각될 때 사용합니다.

23 잘 모르겠습니다.

寡聞にして存じません。

> 해설 견문이 좁아서 알지 못한다는 뜻으로, 주로 겸손하게 말하는 표현입니다.

10 질문

1 저, 실례합니다.

あのう、すいません。

2 잠깐 여쭤볼게요.

ちょっとお聞きしますが。

ちょっとお尋ねしますが。

ちょっとお伺いしますが。

3 이해가 안 되는 것이 있는데요.

分からないことがあるんですが。

4 여쭤보고 싶은 것이 있는데요.

お聞きしたいことがあるんですが。

お尋ねしたいことがあるんですが。

お伺いしたいことがあるんですが。

5 확인차 여쭈는데요.

念のためにお聞きしたいんですが。

念のためにお尋ねしたいんですが。

念のためにお伺いしたいんですが。

6 잠깐 여쭤봐도 될까요?

ちょっとお聞きしてもよろしいでしょうか。

ちょっとお尋ねしてもよろしいでしょうか。

ちょっとお伺いしてもよろしいでしょうか。

7 사적인 질문을 해도 될까요?

プライベートなご質問をしてもよろしいでしょうか。

個人的なご質問をしてもよろしいでしょうか。

8 가르쳐 주세요.

ご教示ください。

해설 「ご教示ください」는 「教えてください」보다 격식을 차린 표현입니다.

대인 관계

9 성함을 여쭤봐도 될까요?

お名前を伺えますか。

성함이 어떻게 되시나요?

お名前は何とおっしゃいますか。

10 성함이 어떻게 되신다고 하셨죠?

お名前は何とおっしゃいましたっけ。

성함을 다시 한번 알려주시겠습니까?

お名前をもう一度お願いします。

> 해설 이전에 들었던 상대방의 이름이 생각나지 않을 때 사용합니다.

11 성함은 어떻게 쓰시나요?

お名前はどうお書きになるんですか。

성함을 한자로 써 주시겠습니까?

お名前を漢字で書いていただけますか。

> 해설 이 표현은 상대방의 이름을 한자로 어떻게 쓰는지 묻고 있는 것으로, 일본에서는 이름에 사용되는 한자가 매우 많고 읽는 법이 다양하기 때문에 통성명을 할 때 상대방 이름의 발음과 한자를 확인하는 것이 보통입니다. 한편, 여러분이 일본인으로부터 명함을 받았는데 발음을 알 수 없을 때는, 첫 번째 표현에서 「お書きになる」를 「お読みになる」로 바꿔서 「お名前はどうお読みになるんですか」(성함은 어떻게 읽으시나요?)라고 하면 됩니다.

12 실례지만, 사토 겐타 씨 되시나요?

すみません、佐藤健太さんでしょうか。

> 해설 이름만 알고 있는 사람을 직접 만났을 때 사용하는 표현입니다.

13 전에 뵌 적이 없나요?

以前お会いしたことはありませんか。

14 어디서 오셨나요?

どちらからいらっしゃったんですか。

お国はどちらですか。

15 어디에 사시나요?

どちらにお住まいですか。

16 아마, 사시는 곳이 ……

たしか、お住まいは……。

> 해설 「たしか、〜は……」는 기억이 잘 나지 않을 때 사용하는 표현입니다. 「たしか」는 '기억이 분명치 않은데'와 같은 뜻으로, '확실히', '분명히'라는 뜻인 「たしかに」와 혼동해서는 안 됩니다.

17 어떤 일을 하시나요?

ご職業は何ですか。

お仕事は何をなさっていますか。

18 어느 학교에 다니시나요?

どちらの学校に通っていらっしゃるんですか。

> 해설 간단하게 「学校はどちらですか」라고 할 수도 있습니다.

19 나이를 여쭤봐도 될까요?

ご年齢を伺ってもよろしいでしょうか。

> 해설 나이를 물어보는 것은 일반적으로 예의 없는 태도로 간주됩니다. 그래서 나이를 물어야 할 때는 각별한 주의가 필요합니다.

20 취미는 무엇인가요?

ご趣味は何ですか。

21 여행은 어떠셨나요?

ご旅行はいかがでしたか。

> 표현 休暇 휴가　　夏休み 여름방학
> 　　　パーティー 파티　　健康診断の結果 건강진단 결과

22 그 곳의 지금 날씨는 어떤가요?

そちらの今のお天気はいかがですか。

23 그것을 어떻게 생각하시나요?

それをどう思われますか。

それをどうお思いになりますか。

それをどうお考えになりますか。

24 무엇을 하고 싶으신가요?

何をなさりたいんですか。

> 해설 「なさる」는「〜ます」에 접속할 때는「なさい〜」가 되지만「〜たい」에 접속할 때는「なさり〜」가 됩니다.

25 오늘밤 어떤 계획이 있으신가요?

今晩はどういうご計画ですか。

今晩はどうなさるご予定ですか。

今晩はどうなさるんですか。

26 내일은 한가하신가요?

明日はお暇ですか。

27 오후에는 외출하시나요?

午後はお出かけですか。

28 한국에는 언제까지 머무르시나요?

韓国にはいつまでご滞在ですか。

29 한국요리는 좋아하시나요?

韓国料理はお好きですか。

30 맥주와 소주 중, 어느 쪽을 좋아하시나요?

ビールと焼酎、どちらがお好きですか。

길 묻기

31 신주쿠역은 어디에 있나요?

新宿駅はどこにあるんでしょうか。

32 신주쿠역에 가는 방법을 가르쳐 주셨으면 하는데요.
新宿駅への行き方を教えていただきたいんですが。

신주쿠역에는 어떻게 가면 될까요?
新宿駅へはどう行ったらよろしいんでしょうか。

신주쿠역까지 가는 길을 가르쳐 주시겠습니까?
新宿駅までの道順を教えていただけますか。

표현	渋谷 시부야	郵便局 우체국	代々木公園 요요기공원
	お店 가게	お宅 댁	御社 귀사 (상대방의 회사)

33 이 지도로 가르쳐 주시겠습니까?
この地図で教えていただけますか。

34 주소를 문자 메세지로 보내주시겠습니까?
ご住所を携帯メールで送っていただけますか。

표현	お電話番号 전화번호	チャット 채팅
	連絡先 연락처	SNS SNS, 소셜 네트워크 서비스

11 사과

사과하기

1 죄송합니다.

ごめんなさい。

すいません。

どうもすいません。

2 면목이 없습니다.

申し訳ありません。

申し訳ございません。

> 해설 앞에 「大変〜」(대단히〜) 또는 「まことに〜」「本当に〜」「どうも〜」(정말〜)와 같은 표현을 추가해도 좋습니다.

3 죄송했습니다.

すみませんでした。

4 폐를 끼쳐 드렸습니다.
ご迷惑をおかけしました。

폐를 끼쳐 죄송합니다.
ご迷惑をおかけして、申し訳ございません。

5 대단히 죄송합니다.
大変失礼いたしました。
大変申し訳ございませんでした。
先ほどは失礼いたしました。申し訳ありません。

> **해설** 「失礼いたしました」는 상대방에 대한 오해나 틀린 기억들이 있었을 때 사과하는 표현이고, 「申し訳ございませんでした」는 그 외의 이유 때문에 폐를 끼쳤을 때 사용합니다.

6 일전에는 실례했습니다.
先日は失礼いたしました。

일전에는 대단히 죄송했습니다.
先日は、大変申し訳ありませんでした。

> **표현** 昨日は 어제는   先ほどは 조금 전에는

7 용서해주세요.

お許しください。

부디 용서하시기 바랍니다.

どうかお許しください。

なにとぞお許しください。

실례를 용서해주세요.

失礼を、どうぞお許しください。

8 진심으로 사과드립니다.

心よりお詫び申し上げます。

> **표현** こちらのミスを 저희의 실수를
> こちらの失言を深く 저희의 실언을 깊이

9 수고를 끼쳐드려 죄송합니다.

お手数をかけて申し訳ありません。

お手数をおかけして申し訳ありません。

お手数をおかけしまして申し訳ありません。

> **표현** ご迷惑を 폐를
> **해설** 감사의 뜻으로도 사용하는 표현이지만, 여기서는 내 실수로 인해 상대방에게 폐를 끼쳤을 때 사용합니다.

10 걱정을 끼쳐드려 죄송했습니다.
ご心配をおかけして申し訳ございませんでした。

> 표현 粗相をいたしまして 실수를 해서

11 뭐라 드릴 말씀이 없습니다.
お詫びのしようもありません。

12 어떻게 사과를 드려야 할 지, 드릴 말씀이 없습니다.
何とお詫びすればいいやら、言葉もございません。

13 송구스럽습니다.
恐縮いたしております。

14 저의 잘못입니다.
私のあやまちです。

15 생각이 미치지 못했습니다.
考えが及びませんでした。
考えが至りませんでした。

16 지적하신 대로입니다.

ご指摘の通りです。

17 두 번 다시 그러한 일은 하지 않겠습니다.

二度とそのようなことはいたしません。

두 번 다시 그런 일이 없도록 하겠습니다.

二度とそのようなことがないようにいたします。

18 앞으로는 주의하겠습니다.

これからは気を付けます。

今後は気を付けます。

19 정말 그럴 생각은 없었습니다.

本当にそんなつもりはありませんでした。

　표현　嘘をつく　거짓말을 할　　　　あの人を泣かす　그 사람을 울릴

20 사과한다고 될 문제는 아니라고 생각하지만…….

謝って済む問題ではないと思いますが……。

21 사죄의 증표입니다. 부디 받아주십시오.

お詫びの印です。どうぞお受け取りください。

사과받기

22 부디 마음에 두지 마세요.

どうぞお気になさらないでください。

23 저야말로 신경쓰게 해드려서 죄송합니다.

こちらこそ、気を使わせてしまって申し訳ございません。

> 표현　心配をおかけして　걱정을 끼쳐 드려

24 사과라니 그런…….

お詫びだなんて、そんな……。

> 표현　お礼　답례
> 해설　「～だなんて、そんな」는 상대방의 말이 당치않다고 부정하는 표현으로, 사과니 감사, 칭찬 등에 대해 겸손의 뜻으로 사용합니다.

12 상담

1 지금 시간 괜찮으세요?

今、お時間よろしいでしょうか。

2 내일 만나뵈었으면 하는데요.

明日お会いできればと思うんですが。

3 의논드릴 것이 있는데요.

ご相談があるんですが。

ご相談したいことがあるんですが。

> 해설 앞에 「実は、〜」(실은~)와 같은 표현을 추가해도 좋습니다.

4 의논드릴 일이 있는데 내일 시간 괜찮으신가요?

ご相談したいんですが、明日お時間よろしいでしょうか。

ご相談があるんですが、明日お時間よろしいでしょうか。

> 표현 いつお伺いすれば 언제 찾아뵈면

5 상담해 주시겠습니까?

ご相談にのっていただけますか。

6 지혜를 빌려주셨으면 하는데요.

お知恵を拝借したいんですが。

7 의견을 들려주셨으면 해서요.

ご意見をお聞かせ願いたいと思いまして。

8 실은, **취직** 때문인데요…….

実は、就職のことなんですが。

> 표현　卒業試験 졸업시험　　論文 논문　　研究テーマ 연구 테마

9 실은 **부하**의 일로 골머리를 앓고 있어서요.

実は、部下のことで頭を痛めておりまして。

> 표현　同僚 동료　　　　　　　プロジェクト 프로젝트
> 　　　姑 시어머니　　　　　　対人関係 대인관계

10 어떻게 하면 좋을까요?

どうすればいいでしょうか。

どうしたらいいでしょうか。

11 어느 병원으로 가면 될까요?

どの病院へ行ったらいいでしょうか。

표현　窓口　창구　　大学　대학
　　　部署　부서　　科　(병원의) 과

12 어디서 사면 될까요?

どこで買ったらいいでしょうか。

13 여름 휴가때 해수욕을 하러 가고 싶은데, 어디로 가면 좋을까요?

夏休みに海水浴に行きたいんですが、どこに行ったらいいでしょうか。

14 정말 도움이 되었습니다.

本当に役に立ちました。

本当に助かりました。

本当に勉強になりました。

해설　「役に立ちました」는 문법적으로는 경어 표현이 아니지만 상대방의 친절에 대해 평가하지 않고, 나에게 도움이 되거나 이득이 됐다고 대답함으로써 겸손한 태도를 나타냅니다.

13 조언

1 집에 돌아가서 쉬시면 어때요?

家へ帰って休まれたらいかがですか。

> 표현 お書き直しになったら　다시 적으시는 것이

2 잠시 쉬시는 것이 어때요?

少しお休みになってはいかがですか。

> 표현 専門家に相談なさってみては　전문가에게 상담을 해 보시는 것이

3 오사카에 가신다면 신칸센이 좋을 거에요.

大阪へいらっしゃるなら、新幹線がいいと思います。

> 표현 コンピュータをお買い求めになるなら、この機種が
> 컴퓨터를 사실 거라면 이 기종이
> 日本旅行をされるなら、東京や大阪が
> 일본여행을 하실 거라면 도쿄나 오사카가

4 선생님께 여쭤보면 될 것 같은데요.

先生に伺えばいいと思いますが。

> 표현 会社に問い合わせれば 회사에 문의해 보면
> 連絡があるまでお待ちになれば 연락이 있을 때까지 기다리시면

5 선배와 의논하시는 것이 좋을 것 같아요.

先輩に相談された方がいいと思います。

> 표현 お気を付けになった方が 신경을 쓰시는 것이
> 気を長くして待たれた方が 느긋하게 기다리시는 것이

6 자동차로 가시는 것이 좋지 않을까요?

車でいらっしゃった方がよくありませんか。

> 표현 病院に行かれた方が 병원에 가시는 것이

7 좀 더 운동을 하시는 것이 좋지 않을까요?

もっと運動をなさった方がよろしいんじゃありませんか。

> 표현 仲直りされた方が 화해하시는 것이
> 栄養にも気を付けられた方が 영양에도 신경을 쓰시는 것이

8 택시로 가시는 것이 좋을 것 같아요.

タクシーでいらっしゃった方がいいと思いますよ。

> 표현 早めに申し込まれた方が 빨리 신청하시는 것이
> それは秘密になさった方が 그것은 비밀로 하시는 것이

9 너무 많이 마시지 않는 것이 좋을 것 같은데요.

飲み過ぎない方がよろしいかと思いますが。

> 표현 こちらの方が 이쪽이
> 病院へ行かれた方が 병원에 가시는것이
> 早く謝った方が 빨리 사과하는 것이

10 사전을 찾아보시면 될 거에요.

辞書をごらんになったらいいですよ。

> 표현 ネットで検索なさったら 인터넷에서 검색을 하시면

11 제삼자의 의견을 들어 보시면 어떨까요?

第三者の意見をお聞きになってみては？

> 표현 弁護士と相談なさって 변호사와 의논해

12 손님께는 이 쪽을 추천합니다.
お客様にはこちらの方をお勧めします。

> 표현 **人間関係でお悩みの方にはこの本を**
> 인간관계로 고민하는 분에게는 이 책을
>
> **外国語が上手になりたい方には、この勉強法を**
> 외국어를 잘 하고 싶은 분에게는 이 공부법을

13 의사와 상담하실 것을 추천합니다.
医者に相談されることをお勧めします。

> 표현 **インターネットでお調べになることを** 인터넷에서 찾아보실 것을

14 그건 저도 모르겠습니다.
それは私にも分かりかねます。

그건 저도 결정할 수 없습니다.
それは私も決めかねます。

그건 저도 판단할 수 없습니다.
それは私も判断しかねます。

> 해설 「〜かねる」는 '하고 싶어도 할 수 없다'는 뜻을 나타냅니다.

14 발표

발표자

1 그럼 발표를 시작하도록 하겠습니다.

それでは発表を始めさせていただきます。

2 오늘의 주제는 '시장'입니다.

本日のテーマは「市場」でございます。

> **표현** 文学と言語 문화와 언어
> グローバライズする雇用 세계화하는 고용
> 未来のテクノロジーと法律 미래의 기술과 법률

3 '시장의 생존'에 대해서 이야기하고자 합니다.

「市場の生存」についてお話いたします。

'시장의 생존'에 대해서 발표하고자 합니다.

「市場の生存」について発表いたします。

> **표현** 文学と言語 문화와 언어
> グローバライズする雇用 세계화하는 고용
> 未来のテクノロジーと法律 미래의 기술과 법률

4 가지고 계신 **자료**를 봐 주시기 바랍니다.

お手元の資料をご覧ください。

> 표현 **レジュメ** 요약본

5 화면을 봐 주시기 바랍니다.

画面をご覧いただけますでしょうか。

画面をご覧いただけるでしょうか。

6 **샘플**을 준비하였습니다.

サンプルを用意いたしました。

> 표현 **見本** 견본　　**資料** 자료　　**模型** 모형

7 계속해서 비디오를 상영하겠습니다.

続きまして、ビデオを上映いたします。

8 여기를 주목해 주시기 바랍니다.

こちらにご注目ください。

9 이상을 요약하면 다음과 같습니다.

以上を要約いたしますと、次のようになります。

사회자

10 그럼, 시간이 되었으니 발표에 들어가도록 하겠습니다.

では、時間になりましたので、発表に入りたいと思います。

11 저는 진행을 맡은 박민수라고 합니다.

わたくしは、司会を勤めさせていただきます、パク・ミンスと申します。

12 첫 번째 발표는 김명기 선생님의 '문화와 사회'에 대해서 입니다.

最初のご発表は、キム・ミョンギ先生によります「文化と社会」です。

13 그럼 잘 부탁드리겠습니다.

では、よろしくお願いいたします。

14 네, 김 선생님, 감사합니다.

はい、キム先生、ありがとうございました。

> 해설 발표자의 발표가 끝났을 때 하는 인사말입니다.

15 그럼, 질의응답으로 넘어가겠습니다.

それでは、質疑応答に移ります。

16 우선은 지정토론자이신 최선미 선생님, 부탁드리겠습니다.

まずは指定討論者でいらっしゃいます、チェ・ソンミ先生、お願いいたします。

17 그럼 회장에 계신 다른 분들 중에서 질문 없으신가요?

それでは他に会場にいらっしゃる方からご質問はないでしょうか。

それでは他に会場にいらっしゃる方からご質問はございませんか。

それでは他に会場にいらっしゃる方からご質問はございませんでしょうか。

18 조금 시간이 여유가 있는데, 그 밖에 질문 없으십니까?

少し時間が余っているんですが、他にご質問はないでしょうか。

少し時間が余っているんですが、他にご質問はございませんか。

少し時間が余っているんですが、他にご質問はございませんでしょうか。

19 네, 그럼 질문 부탁드리겠습니다.

はい、ではご質問お願いします。

20 질문이 없으신 듯 하니 다음 발표로 넘어가도록 하겠습니다.

質問がないようなので、次の発表に移りたいと思います。

이제 슬슬 시간이 되었으니, 첫 번째 발표는 이것으로 마치도록 하겠습니다.

そろそろ時間になりましたので、最初の発表はこれで終わりにしたいと思います。

21 계속해서 조성규 선생님의 발표로, 제목은 '시장의 물가'입니다.

続きまして、チョ・ソンギュ先生のご発表で、題目は「市場の物価」です。

続いて、チョ・ソンギュ先生のご発表で、題目は「市場の物価」です。

22 이것으로 발표를 마치도록 하겠습니다.

これをもちまして発表を終わらせていただきます。

これをもちまして発表を終わりたいと思います。

これをもちまして発表を終わります。

표현　これで 이것으로　　　以上で 이상으로

23 들어주셔서 감사합니다.

ご清聴ありがとうございました。

15 축하

1 축하드립니다.

おめでとうございます。

해설 앞에 「本当(ほんとう)に~」(정말~)와 같은 표현을 추가해도 좋습니다.

2 진심으로 축하드립니다.

心(こころ)よりお祝(いわ)いを申(もう)し上(あ)げます。

心(こころ)からお喜(よろこ)びを申(もう)し上(あ)げます。

3 생일 축하드립니다.

お誕生日(たんじょうび)おめでとうございます。

4 성인이 된 것을 축하합니다. 드디어 어른의 세계에 들어가게 되었군요.

ご成人(せいじん)、おめでとうございます。晴(は)れて大人(おとな)の仲間入(なかまい)りですね。

5 졸업을 진심으로 축하드립니다.

ご卒業を心からお祝い申し上げます。

ご卒業を心からお喜び申し上げます。

6 결혼 축하드립니다.

ご結婚おめでとうございます。

ご結婚をお喜び申し上げます。

7 부디 행복하세요.

どうぞお幸せに。

8 출산 축하드립니다.

ご出産、おめでとうございます。

9 부모님께서도 기뻐하시겠네요.

ご両親もお喜びでしょう。

ご両親も喜んでおられることでしょう。

> 해설 「ご両親も」 뒤에 「さぞや」(틀림없이), 「きっと」(분명), 「すごく」(무척) 등의 표현을 추가해도 좋습니다.

10 이것으로 부모님께서도 한시름 놓으시겠네요.

これでご両親も一安心ですね。

11 성공 축하드립니다.

ご成功、おめでとうございます。

12 승진 축하드립니다.

ご昇進、おめでとうございます。

이번 승진, 진심으로 축하드립니다.

この度のご昇進を心よりお祝い申し上げます。

13 승진하셨다구요. 축하드립니다.

昇進なさったそうですね。おめでとうございます。

昇進なさったそうで、おめでとうございます。

14 당선을 진심으로 축하드립니다.

当選を心からお喜び申し上げます。

当選を心よりお祝い申し上げます。

15 덕분에요.

おかげさまで。

16 여러분 덕분입니다.

皆(みな)さんのおかげです。

해설 皆(みな)さん을 좀 더 정중하게 皆様(みなさま)라고 할 수도 있습니다.

17 도와주신 덕분입니다.

お力(ちから)添(ぞ)えいただいたおかげです。

お力(ちから)添(ぞ)えくださったおかげです。

표현 ご協力(きょうりょく) 협력해주신

18 여러분의 도움이 없었다면 합격하지 못했을 거에요.

皆(みな)さんのお力(ちから)添(ぞ)えがなければ合格(ごうかく)できませんでした。

표현 ご協力(きょうりょく) 협력　　当選(とうせん) 당선
　　 励(はげ)まし 격려　　完成(かんせい) 완성

19 여러분으로부터 이렇게 축하 메세지를 받을 줄은 생각하지 못했어요.

皆(みな)さんからこんなにお祝(いわ)いのメッセージをいただけるとは思(おも)っていませんでした。

> 해설 이 문맥에서 お祝(いわ)いのメッセージ 대신 お祝(いわ)い라고 하면 일반적으로 '축의금'이라는 뜻을 나타냅니다.

20 운이 좋았을 뿐이에요.

運(うん)が良(よ)かっただけです。

21 좋은 한 해 맞이하세요.

よいお年(とし)をお迎(むか)えください。

> 해설 이것은 연말에 나누는 인사말로, 새해가 밝은 뒤에는 사용하지 않습니다. 짧게 「よいお年(とし)を!」라고도 합니다.

22 새해 복 많이 받으세요.

明(あ)けましておめでとうございます。

> 해설 한국의 새해 인사와는 다르게, 일본의 새해 인사는 연말에는 사용하지 않고 새해가 밝은 뒤에만 사용합니다.

16 위로

1 수고하셨습니다.
お疲れ様でした。

> 해설 노고에 대한 가벼운 위로의 뜻을 나타내는 표현입니다.

2 힘드시죠?
大変ですね。

3 걱정 많으셨지요?
ご心配だったでしょう。

> 해설 앞에 「とても」(참~)를 덧붙이면 공감하는 마음을 강조할 수 있습니다.

4 놀라셨지요?
驚かれたでしょう。

> 해설 앞에 「さぞ~」(참~)를 덧붙이면 공감하는 마음을 강조할 수 있습니다.

5 난처하셨지요?

お困（こま）りだったでしょう。

お困（こま）りでしたでしょう。

> 해설　앞에 「さぞ〜」(참〜)를 덧붙이면 공감하는 마음을 강조할 수 있습니다.

6 큰일이었지요?

大変（たいへん）だったでしょう。

大変（たいへん）でしたでしょうね。

> 해설　앞에 「さぞ〜」(참〜)를 덧붙이면 공감하는 마음을 강조할 수 있습니다.

7 실망이 크신 줄로 압니다.

気（き）を落（お）とされたことと思（おも）います。

> 해설　앞에 「さぞ〜」(참〜)를 덧붙이면 공감하는 마음을 강조할 수 있습니다.

8 참 안된 일이네요.

ご愁傷様（しゅうしょうさま）です。

이번 일은 참 안됐어요.

この度（たび）は誠（まこと）にご愁傷様（しゅうしょうさま）でございました。

> 해설　장례식에서 건네는 위로의 표현입니다.

9 얼마나 상심이 크십니까.

お悔やみ申し上げます。

해설 가족을 여읜 사람에게 하는 인사입니다. 앞에 「心から〜」(진심으로〜)와 같은 표현을 추가해도 좋습니다.

10 위로의 말씀을 드립니다.

お慰み申し上げます。

해설 재해나 재난을 당한 사람에게 하는 인사입니다. 앞에 「心から〜」(진심으로〜)와 같은 표현을 추가해도 좋습니다.

11 그 마음 짐작이 갑니다.

お察しします。

お察し申し上げます。

12 슬픔 짐작이 갑니다.

お嘆きをお察しします。

お嘆きをお察し申し上げます。

표현 お気持ちを 마음

13 마음은 충분히 이해합니다.

お気持ちはよく分かります。

14 부디 낙담하지 마세요.

どうぞ気を落とさないでください。

> 표현 あきらめないで 포기하지　　勇気を出して 용기를 내
> 　　　元気を出して 기운을 내

15 하루라도 빨리 슬픔에서 벗어나시기를 바랍니다.

一日も早く悲しみから立ち直られることをお祈り申し上げます。

한시라도 빨리 슬픔에서 벗어나시기를 바랍니다.

一刻も早く悲しみから立ち直られることをお祈り申し上げます。

> 표현 よくなられることを 좋아지시기를　　全快されることを 완쾌하시기를

16 제가 할 수 있는 일이 있다면 사양않고 말씀해 주시기 바랍니다.

私にできることがあれば、遠慮なくおっしゃってください。

17 정말 노력했군요.
よく努力されましたね。

18 언제나 응원하고 있습니다.
いつも応援しております。

표현 일람

01 기본 인사 표현

1. はじめまして。
   はじめてお目にかかります。
   처음 뵙겠습니다.

2. わたくし田中と申します。
   저는 다나카라고 합니다.

3. よろしくお願いします。
   よろしくお願いいたします。
   잘 부탁드리겠습니다.

4. こちらはキムさんです。
   이 분은 김OO 씨입니다.

5. お噂はかねがね伺っております。
   소문은 전부터 들어왔습니다.

6. お元気ですか。
   잘 지내세요?

7. お元気でしたか。
   お元気でいらっしゃいましたか。
   안녕하셨어요?

8. 奥様はお元気ですか。
   부인께서는 안녕하신가요?

9. 元気にしております。
   잘 지내고 있습니다.

10. お久しぶりです。
    ご無沙汰しております。
    오래간만입니다.

11 お変わりありませんか。
お変わりございませんか。
별고 없으십니까?

12 ちっともお変わりになりませんね。
그대로이시네요.

13 行ってらっしゃい。
다녀오세요.

14 行って来ます。
行ってまいります。
다녀오겠습니다.

15 ただいま。
다녀왔습니다.

16 お帰りなさい。
어서 오세요.

17 お先に失礼します。
お先に失礼いたします。
먼저 실례하겠습니다.

18 また、参ります。
また、伺います。
また、お伺いします。
또 찾아뵙겠습니다.

19 ありがとうございます。
고맙습니다.

20 お世話になりました。
신세를 졌습니다.

21 今後ともよろしくお願いいたします。
앞으로도 잘 부탁드리겠습니다.

22 いいえ、どういたしまして。
아니오. 별말씀을요.

23 何のお役にも立てませんで。
아무런 도움도 되지 못해서.

02 전화

1 もしもし、キムと申しますが。
여보세요, 김○○ 라고 합니다만.

2 佐藤さんいらっしゃいますか。
사토 씨 계신가요?

3 佐藤さんの携帯電話でしょうか。
사토 씨의 휴대전화인가요?

4 失礼ですが、どちら様でしょうか。
恐れ入りますが、どちら様でしょうか。
申し訳ありませんが、どちら様でしょうか。
실례지만 누구신가요?

5 今、お電話よろしいですか。
今、お電話よろしいでしょうか。
지금 통화 괜찮으신가요?

6 佐藤さんをお願いできますか。
佐藤さんに代わっていただけますか。
사토 씨 바꿔주시겠습니까?

7 少々お待ちください。ただいま佐藤と代わります。

　　しばらくお待ちください。ただいま佐藤と代わります。
　　잠시만 기다려주세요. 지금 사토 씨를 바꿔드리겠습니다.

8 お電話代わりました。佐藤です。
　　전화바꿨습니다. 사토입니다.

9 佐藤はただいま留守にしておりますが。
　　사토 씨는 지금 부재 중입니다만.

　　佐藤はただいま席を外しております。
　　사토 씨는 지금 자리를 비웠습니다.

　　佐藤はただいま外出しております。

　　佐藤はただいま出かけております。
　　사토 씨는 지금 외출 중입니다.

10 失礼ですが、もう一度おっしゃっていただけますか。

　　恐れ入りますが、もう一度おっしゃっていただけますか。

　　申し訳ありませんが、もう一度おっしゃっていただけますか。
　　실례지만, 다시 한번 말씀해주시겠습니까?

11 そうですか。何時ごろお帰りになりますか。
　　그렇습니까? 몇 시쯤 돌아오시나요?

12 今日は遅くなるという連絡がありましたが。
　　오늘은 늦는다는 연락이 있었습니다만.

　　今日は遅くなるとのことでした。

　　今日は遅くなるとのことです。
　　오늘은 늦는다고 합니다.

13 どのようなご用件でしょうか。

　　どういったご用件でしょうか。
　　무슨 용건이신가요?

14 お話したいことがあってお電話したんですけど。
말씀드릴 일이 있어 전화했습니다만.

15 ただいま、他の電話に出ておりますが、お待ちになりますか。
지금 다른 전화를 받고 있습니다만, 기다리시겠습니까?

16 またかけなおします。

またかけなおさせていただきます。

またお電話いたします。
다시 걸겠습니다.

17 失礼ですが、お名前をいただけますか。
失礼ですが、お名前を頂戴できますか。
실례지만 성함을 말씀해 주시겠습니까?

失礼ですが、どちら様とお伝えしましょうか。
실례지만, 누구라고 전해드릴까요?

18 ああ、申し遅れました。国際商社のキム・ヨンムンと申します。
아, 먼저 말씀드렸어야 하는데. 국제상사의 김영문이라고 합니다.

19 キム・ヨンムン様でいらっしゃいますね。
김영문 씨이시군요.

20 それでは、失礼いたします。
그럼 실례하겠습니다.

21 失礼ですが、何番におかけですか。
실례지만, 어디에 거셨나요?

22 失礼しました。番号を間違えたようです。
실례했습니다. 잘못 걸었습니다.

23 伝言をお願いします。

伝言をお願いできますか。

伝言をお願いしたいんですが。
伝言をお願いしたいんですが、よろしいでしょうか。
말씀 좀 전해주시겠습니까?

24 国際商社のキムから電話があったとお伝えいただけますか。
国際商社のキムから電話があったことをお伝えください。
国際商社のキムから電話があったとだけお伝えくださいますか。
국제상사의 김으로부터 전화가 왔었다고 전해주시겠습니까?

25 では、その時間にもう一度お電話いたしますとお伝えください。
では、その時間にもう一度お電話さしあげますとお伝えください。
그럼 그 시간에 다시 한번 전화드리겠다고 전해 주십시오.

26 お帰りになったら、お電話くださるようお伝えください。
돌아오시면 전화 부탁드린다고 전해 주십시오.

27 念のため復唱させていただきます。キム様からお電話があった、ということでよろしいでしょうか。
만약을 위해 다시 한번 확인하겠습니다. 김○○ 님으로부터 전화가 왔었다고 전해드리면 될까요?

28 かしこまりました。お伝えします。
かしこまりました。申し伝えます。
알겠습니다. 전달하도록 하겠습니다.

29 折り返しお電話差し上げるようお伝えしましょうか。
이쪽에서 전화드리도록 전해드리면 될까요?

30 お電話番号をいただけますか。
お電話番号を教えていただけますか。
お電話番号をお願いできますか。
전화번호를 가르쳐 주시겠습니까?

03 약속

1 ぜひお会いしましょう。
　ぜひお会いしたいのですが。
　ぜひお会いできればと思うんですが。
　꼭 만나뵙고 싶습니다.

2 何時にどこでお会いしましょうか。
　몇 시에 어디서 만날까요?

3 時間と場所を決めていただけますか。
　時間と場所は、ご指定ください。
　시간과 장소를 정해주시겠어요?

4 いつがよろしいですか。
　いつがよろしいでしょうか。
　언제가 좋으세요?

5 木曜日はいかがですか。
　목요일은 어떠신가요?
　木曜日は、お時間いかがですか。
　木曜日のご都合は、いかがですか。
　목요일은 시간 어떠신가요?
　木曜日は、何かご予定ございますか。
　목요일은 다른 예정이 있으신가요?
　木曜日はお忙しいですか。
　목요일은 바쁘신가요?

6 木曜日は大丈夫です。
　목요일은 괜찮습니다.

木曜日なら大丈夫です。
木曜日でしたら大丈夫です。
목요일이라면 괜찮습니다.

7 申し訳ございませんが、その日は先約がございまして。
죄송하지만, 그 날은 선약이 있어서요.

8 それでは、来週お会いしましょう。
それでは、来週お目にかかります。
그러면 다음주에 뵙겠습니다.

9 どこでお会いしましょうか。
どこがよろしいでしょうか。
어디서 만날까요?

10 どこか、よく行かれる場所はありますか。
어디, 자주 가는 곳 있으세요?

11 新宿駅の南口でお会いしましょう。
新宿駅の南口はいかがですか。
신주쿠역 남쪽 출구에서 만나요.

12 御社に伺います。
御社にお伺いします。
회사로 찾아뵙겠습니다.

13 弊社でいかがですか。
저희 회사는 어떠신가요?

こちらの方に来ていただけますか。
이쪽으로 와 주실 수 있으세요?

14 私がお迎えに上がります。
　　 私がお迎えに参ります。
　　 제가 마중 나가겠습니다.

15 6時にハチ公前でお会いしましょう。
　　 6시에 하치 동상 앞에서 만나요.
　　 午後2時に、御社にお伺いするということで、よろしいでしょうか。
　　 오후 2시에 귀사에 찾아뵙는 것으로 괜찮으신가요?

16 では、はっきり決まりましたら、またご連絡します。
　　 그럼 확실히 정해지면 다시 연락드리겠습니다.
　　 もし変更があれば、ご連絡ください。
　　 만약 변경이 있으면 연락 주세요.

17 約束を6時半に変更できないでしょうか。
　　 約束を6時半に変更できませんでしょうか。
　　 約束を6時半に変更してはいただけないでしょうか。
　　 약속을 6시 반으로 변경할 수 없을까요?
　　 約束を6時半に変更していただきたいのですが。
　　 약속을 6시 반으로 변경하고 싶은데요.

18 お約束を取り消ししてもよろしいでしょうか。
　　 お約束を取り消しさせていただけないでしょうか。
　　 약속을 취소해도 될까요?

19 今どちらでしょうか。
　　 今どちらにいらっしゃいますか。
　　 지금 어디신가요?

20 申し訳ございません。お約束の時間に遅れそうなんですが。
申し訳ございません。お約束の時間に遅れてしまいそうなんですが。
죄송합니다. 약속 시간에 늦을 것 같습니다만.

21 だいぶお待ちになったんじゃありませんか。
많이 기다리신거 아니에요?

04 초대・권유

1 土曜日の午後はお忙しいですか。
토요일 오후에 바쁘신가요?
土曜日の午後、お時間おありですか。
토요일 오후에 시간 있으세요?

2 食事にお誘いしたいんですが。
식사에 초대를 하고 싶은데요.

3 飲みに行きませんか。
飲みにいらっしゃいませんか。
한잔하러 가지 않을래요?

4 お茶でも召し上がりませんか。
お茶でもいかがですか。
차라도 드시겠습니까?

5 来ていただけますか。
いらしていただけますか。
いらっしゃっていただけますか。
お出でいただけますか。
와 주시겠습니까?

来ていただけないかと思いまして。
来ていただければと思うんですが。
와 주셨으면 하는데요.

6　パーティーにいらしていただけますか。

パーティーにいらしていただけませんか。
파티에 와 주시겠습니까?

パーティーに参加なさいませんか。
파티에 참석하시겠어요?

7　何のお構いもできませんが、ぜひいらっしゃっていただけませんか。
별로 대접은 못 해드리지만 꼭 와 주시겠습니까?

8　佐藤さんもいらっしゃいませんか。
佐藤さんもいかがですか。
사토 씨도 오시지 않겠습니까?

9　奥様とご一緒にいらっしゃってください。
부인부과 함께 와 주시기 바랍니다.

10　手ぶらでいらっしゃってください。
몸만 오세요.

11　いつでもいらしてください。
いつでもいらっしゃってください。
언제라도 와 주시기 바랍니다.

12　詳しくは後ほどお知らせします。
詳しくは後ほどご連絡します。
자세한 것은 나중에 알려 드리겠습니다.

05 방문

1 ごめんください。
계십니까?

2 こちらは佐藤様のお宅ですか。
여기는 사토 씨 댁인가요?

3 佐藤様にお目にかかりたいんですが。
佐藤様にお会いしたいんですが。
사토 씨를 뵈러 왔습니다만.

4 失礼します。
실례하겠습니다.

5 遅くなって申し訳ございません。
遅くなりまして申し訳ございません。
遅くなってしまい申し訳ございません。
늦어서 죄송합니다.

6 お招きいただき、ありがとうございます。
ご招待くださってありがとうございます。
초대해 주셔서 감사합니다.

7 これ、つまらないものですが。
이거 별 것 아닙니다만.

これ、気に入ってくださるかどうか……。
이거 마음에 드실지 어떨지…….

8 いいお宅ですね。
いいお住まいですね。
집이 좋네요.

9 すてきなお庭ですね。
　趣のあるお庭ですね。
　すばらしいお庭ですね。
　정원이 멋지군요.

10 どうぞ、お構いなく。
　どうぞ、お気遣いなさらないでください。
　부디 편히 계세요.

11 夜にコーヒーを飲んだら眠れなくなるものですから。
　밤에 커피를 마시면 잠을 잘 수 없어서요.

12 お手洗いをお借りしてもいいですか。
　お手洗いを拝借してもいいですか。
　화장실을 빌려도 될까요?

13 そろそろお暇します。
　そろそろお暇いたします。
　そろそろお暇しないと。
　슬슬 일어나겠습니다.

14 すっかり長居してしまいました。
　すっかり長居してしまいまして。
　그만 너무 오래 있었네요.

15 どうもお世話様でした。
　대단히 폐를 끼쳤습니다.

16 心からのおもてなし、ありがとうございました。
　마음으로부터의 대접, 감사합니다.
　心のこもったご馳走をありがとうございました。
　마음이 담긴 대접 감사합니다

17 今日は本当にご馳走様でした。
   오늘은 정말 감사했습니다.

   すごく楽しかったです。
   아주 즐거웠습니다.

18 いつかうちにもぜひお越しください。
   언제 저희 집에도 꼭 와 주세요.

   いつかうちにもご招待いたします。
   언제 저희 집에도 초대하겠습니다.

19 では、失礼します。
   では、失礼いたします。
   그럼, 실례하겠습니다.

20 どうぞ、そのままでけっこうです。
   どうぞ、そのままでけっこうですので……。
   나오지 마세요.

06 접객

1 どちら様ですか。
  누구세요?

2 ようこそいらっしゃいました。
  어서 오세요.

3 お待ちしてました。
  お待ちしておりました。
  기다리고 있었습니다.

4 どうぞお入りください。
  어서 들어오세요.

5 お出でくださり、ありがとうございます。
와 주셔서 감사합니다.

6 お疲れでしょう。
피곤하시죠?

7 お忙しいところ、お越しいただきまして、ありがとうございます。
お忙しいところ、お出でいただきまして、ありがとうございます。
お忙しいところ、ご足労いただきまして、ありがとうございます。
바쁘신 와중에 와 주셔서 감사합니다.

8 お足元は大丈夫でしたか。
오시는 길은 괜찮으셨나요?

お足元の悪い中をご足労いただきまして、申し訳ございません。
궂은 날씨에도 와 주셔서 감사합니다.

9 すばらしいものをくださり、ありがとうございます。
귀중한 것을 주셔서 감사합니다.

そんな気を使っていただかなくてもいいのに……。
신경쓰지 않으셔도 되는데…….

10 これはいただくわけにはいきません。

これはお受けするわけにはいきません。
이것은 받을 수 없습니다.

11 お気持ちだけいただきます。
마음만 받겠습니다.

お気持ちだけありがたくいただきます。
마음만 감사히 받겠습니다.

12 どうぞお座りください。
어서 앉으세요.

13 お楽になさってください。
楽にお座りください。
足をくずしてください。
편히 계세요.

14 お飲み物は何になさいますか。
마실 것은 무엇으로 하시겠습니까?

15 コーヒーはいかがですか。
커피는 어떠신가요?

16 どうぞ、お召し上がりください。
どうぞ、召し上がってください。
어서 드세요.

17 お口に合うかどうか分かりませんが、どうぞ。
입에 맞으실 지 모르겠지만, 드세요.

18 さめないうちにお召し上がりください。
さめないうちに召し上がってください。
식기 전에 드세요.

19 お口に合いますか。
입맛에 맞으시나요?

20 ごゆっくりどうぞ。
천천히 즐기세요.

21 おかわりはいかがですか。
더 드릴까요?

22 すっかりお引き止めしてしまって。
그만 너무 붙잡고 있었네요.

23 お構いもできませんで、失礼いたしました。
おもてなしもできませんで、申し訳ございませんでした。
제대로 대접도 못 해드려서 죄송했습니다.

24 またいらしてください。
またぜひいらしてください。
またいらっしゃってください。
또 와 주세요.

25 お気を付けてお帰りください。
조심히 돌아가세요.

26 お宅まで車でお送りします。
댁까지 차로 바래다 드리겠습니다.

07 부탁·주문

1 明日10時に来ていただけますか。
내일 아침 10시에 와 주시겠습니까?

2 この本を貸していただけませんか。
이 책을 빌릴 수 있을까요?

3 引っ越しを手伝ってくださいませんか。
이사 도와주시겠어요?

4 お待ちいただけますでしょうか。
기다려 주실 수 있으세요?

5 日本語をチェックしていただきたいんですが。
　日本語をチェックしていただきたいんですけど。
　일본어를 확인해 주셨으면 하는데요.

6 交換していただけるとありがたいんですが。
　交換していただけるとありがたいんですけど。
　교환해 주시면 감사하겠습니다만.

7 もう一度おっしゃってください。
　다시 한번 말씀해 주세요.

8 ご検討をお願いします。
　ご検討のほど、よろしくお願いします。
　검토 부탁드립니다.

9 こちらの後片付けをお願いできますか。
　여기 뒷정리를 부탁드려도 될까요.

10 もう一度ご説明願えませんでしょうか。
　다시 한번 설명해주시겠습니까?

11 お願いがあるんですが。
　부탁이 있는데요.

12 推薦状の件でお願いがありまして。
　추천장때문에 부탁이 있는데요.

13 切符を買いたいんですが。
　표를 사고 싶은데요.

14 お願いしてもいいですか。
　부탁드려도 될까요?

15 トイレをお借りしてもよろしいですか。
　화장실을 빌려도 될까요?

표현 일람

16 佐藤様にお願いするわけにはいきませんか。
사토 씨에게 부탁드리면 안 될까요?

17 よろしければ、こちらにご記入いただけますか。
お差し支えなければ、こちらにご記入いただけますか。
ご迷惑でなければ、こちらにご記入いただけますか。
괜찮으시면 여기 기입해 주시겠습니까?

18 なにとぞよろしくお願いいたします。
どうかよろしくお願いいたします。
부디 잘 부탁드리겠습니다.

19 渋谷までお願いします。
시부야로 가 주세요.

20 ご注文はお決まりでしょうか。
주문은 정하셨나요?

08 수락·허가

1 いいですよ。
けっこうですよ。
좋아요.

2 分かりました。
알겠습니다.

3 了解です。
알겠습니다.

4 かしこまりました。
알겠습니다.

5 承知いたしました。
　알겠습니다.

6 お引き受けいたします。
　그렇게 하겠습니다.

7 喜んでさせていただきます。
　喜んでやらせていただきます。
　喜んでそうさせていただきます。
　기꺼이 하겠습니다.

8 私がさせていただきます。
　私がやらせていただきます。
　제가 하겠습니다.

9 お任せください。
　맡겨 주십시오.

10 わたくしでよければ。
　わたくしでよろしければ。
　저라도 괜찮으시다면.

11 先日の件は承知いたしました。
　先日の件は承りました。
　일전의 일은 알겠습니다.

12 ご予約を承りました。
　예약되셨습니다.

13 それでかまいません。
　それでけっこうです。
　그래도 상관없습니다.

14 気にしないで、何でもおっしゃってください。
   気になさらないで、何でもおっしゃってください。
   어려워마시고 무엇이든 말씀하세요.

09 거절

1 けっこうです。
  됐습니다.

2 お言葉はありがたいんですが、大丈夫です。
  お言葉はありがたいんですけど、大丈夫です。
  말씀은 감사하지만 괜찮습니다.

3 ありがとうございます。でも、大丈夫です。
  감사합니다. 하지만 괜찮습니다.

4 お断りします。
  お断りいたします。
  거절하겠습니다.

5 すいません。それはちょっと。
  죄송합니다. 그건 좀…….

6 そういうことをしていただくと、困るんですが。
  그러시면 곤란합니다.

7 ご遠慮いただけますか。
  삼가 주시겠습니까?

8 明日はちょっと用事がありまして。
  내일은 좀 볼 일이 있어서.

9 今手が離せないものですから。
지금 손을 놓을 수가 없어서.

10 いたしかねます。

できかねます。
어렵습니다.

11 お役に立てなくて、申し訳ありません。
お力になれなくて、申し訳ありません。
お力添えできなくて、申し訳ありません。
도움이 되지 못해서 죄송합니다.

12 考えさせていただけませんか。
생각해봐도 될까요?

13 申し訳ありませんが、他に当たってみていただけますか。
죄송하지만 다른 데를 알아보시겠어요?

14 今回は見送らせていただけますか。
이번에는 어렵겠습니다.

15 すみませんが、先約があるものですから。
죄송하지만 선약이있어서.

16 あいにく持ち合わせがないんですけど。
공교롭게도 현금이 없는데요.

17 お汲み取りください。
이해해주세요.

18 残念ながら、いたしかねます。
残念ながら、ご希望には添えません。
죄송하지만, 어렵습니다.

19 せっかくですが、お引き受けできません。
감사한 말씀이지만, 받아들일 수 없습니다.

20 ありがたいお話ではございますが、ご辞退させていただきたいと思います。
감사한 말씀이지만, 사양하겠습니다.

21 大変心苦しいのですが、今回のお話はなかったことにしていただけませんか。
정말 마음은 괴롭지만, 이번 일은 없었던 것으로 해 주실 수 없을까요?

22 お気の毒ですが、私はお力になれません。
사정은 딱하지만, 저는 힘이 되어 드릴 수 없습니다.

23 寡聞にして存じません。
잘 모르겠습니다.

10 질문

1 あのう、すいません。
저, 실례합니다.

2 ちょっとお聞きしますが。
ちょっとお尋ねしますが。
ちょっとお伺いしますが。
잠깐 여쭤볼게요.

3 分からないことがあるんですが。
이해가 안 되는 것이 있는데요.

4 お聞きしたいことがあるんですが。
お尋ねしたいことがあるんですが。

お伺いしたいことがあるんですが。
여쭤보고 싶은 것이 있는데요.

5 念のためにお聞きしたいんですが。
念のためにお尋ねしたいんですが。
念のためにお伺いしたいんですが。
확인차 여쭈는데요.

6 ちょっとお聞きしてもよろしいでしょうか。
ちょっとお尋ねしてもよろしいでしょうか。
ちょっとお伺いしてもよろしいでしょうか。
잠깐 여쭤봐도 될까요?

7 プライベートなご質問をしてもよろしいでしょうか。
個人的なご質問をしてもよろしいでしょうか。
사적인 질문을 해도 될까요?

8 ご教示ください。
가르쳐 주세요.

9 お名前を伺えますか。
성함을 여쭤봐도 될까요?

お名前は何とおっしゃいますか。
성함이 어떻게 되시나요?

10 お名前は何とおっしゃいましたっけ。
성함이 어떻게 되신다고 하셨죠?

お名前をもう一度お願いします。
성함을 다시 한번 알려주시겠습니까?

11 お名前はどうお書きになるんですか。
성함은 어떻게 쓰시나요?

お名前を漢字で書いていただけますか。
성함을 한자로 써 주시겠습니까?

12 すみません、佐藤健太さんでしょうか。
실례지만, 사토 겐타 씨 되시나요?

13 以前お会いしたことはありませんか。
전에 뵌 적이 없나요?

14 どちらからいらっしゃったんですか。
お国はどちらですか。
어디서 오셨나요?

15 どちらにお住まいですか。
어디에 사시나요?

16 たしか、お住まいは……。
아마, 사시는 곳이 ……

17 ご職業は何ですか。
お仕事は何をなさっていますか。
어떤 일을 하시나요?

18 どちらの学校に通っていらっしゃるんですか。
어느 학교에 다니시나요?

19 ご年齢を伺ってもよろしいでしょうか。
나이를 여쭤봐도 될까요?

20 ご趣味は何ですか。
취미는 무엇인가요?

21 ご旅行はいかがでしたか。
여행은 어떠셨나요?

22 そちらの今のお天気はいかがですか。
그 곳의 지금 날씨는 어떤가요?

23 それをどう思われますか。
それをどうお思いになりますか。
それをどうお考えになりますか。
그것을 어떻게 생각하시나요?

24 何をなさりたいんですか。
무엇을 하고 싶으신가요?

25 今晩はどういうご計画ですか。
今晩はどうなさるご予定ですか。
今晩はどうなさるんですか。
오늘밤 어떤 계획이 있으신가요?

26 明日はお暇ですか。
내일은 한가하신가요?

27 午後はお出かけですか。
오후에는 외출하시나요?

28 韓国にはいつまでご滞在ですか。
한국에는 언제까지 머무르시나요?

29 韓国料理はお好きですか。
한국요리는 좋아하시나요?

30 ビールと焼酎、どちらがお好きですか。
맥주와 소주 중, 어느 쪽을 좋아하시나요?

31 新宿駅はどこにあるんでしょうか。
신주쿠역은 어디에 있나요?

32 新宿駅への行き方を教えていただきたいんですが。
신주쿠역에 가는 방법을 가르쳐 주셨으면 하는데요.

新宿駅へはどう行ったらよろしいんでしょうか。
신주쿠역에는 어떻게 가면 될까요?

新宿駅までの道順を教えていただけますか。
신주쿠역까지 가는 길을 가르쳐 주시겠습니까?

33 この地図で教えていただけますか。
이 지도로 가르쳐 주시겠습니까?

34 ご住所を携帯メールで送っていただけますか。
주소를 문자 메세지로 보내주시겠습니까?

11 사과

1 ごめんなさい。

すいません。

どうもすいません。
죄송합니다.

2 申し訳ありません。
申し訳ございません。
면목이 없습니다.

3 すみませんでした。
죄송했습니다.

4 ご迷惑をおかけしました。
폐를 끼쳐 드렸습니다.

ご迷惑をおかけして、申し訳ございません。
폐를 끼쳐 죄송합니다.

5 大変失礼いたしました。
大変申し訳ございませんでした。
先ほどは失礼いたしました。申し訳ありません。
대단히 죄송합니다.

6 先日は失礼いたしました。
일전에는 실례했습니다.
先日は、大変申し訳ありませんでした。
일전에는 대단히 죄송했습니다.

7 お許しください。
용서해주세요.
どうかお許しください。
なにとぞお許しください。
부디 용서하시기 바랍니다.
失礼を、どうぞお許しください。
실례를 용서해주세요.

8 心よりお詫び申し上げます。
진심으로 사과드립니다.

9 お手数をかけて申し訳ありません。
お手数をおかけして申し訳ありません。
お手数をおかけしまして申し訳ありません。
수고를 끼쳐드려 죄송합니다.

10 ご心配をおかけして申し訳ございませんでした。
걱정을 끼쳐드려 죄송했습니다.

11 お詫びのしようもありません。
뭐라 드릴 말씀이 없습니다.

12 何とお詫びすればいいやら、言葉もございません。
어떻게 사과를 드려야 할 지, 드릴 말씀이 없습니다.

13 恐縮いたしております。
송구스럽습니다.

14 私のあやまちです。
저의 잘못입니다.

15 考えが及びませんでした。
考えが至りませんでした。
생각이 미치지 못했습니다.

16 ご指摘の通りです。
지적하신 대로입니다.

17 二度とそのようなことはいたしません。
두 번 다시 그러한 일은 하지 않겠습니다.
二度とそのようなことがないようにいたします。
두 번 다시 그런 일이 없도록 하겠습니다.

18 これからは気を付けます。
今後は気を付けます。
앞으로는 주의하겠습니다.

19 本当にそんなつもりはありませんでした。
정말 그럴 생각은 없었습니다.

20 謝って済む問題ではないと思いますが……。
사과한다고 될 문제는 아니라고 생각하지만…….

21 お詫びの印です。どうぞお受け取りください。
사죄의 증표입니다. 부디 받아주십시오.

22 どうぞお気になさらないでください。
부디 마음에 두지 마세요.

23 こちらこそ、気を使わせてしまって申し訳ございません。
저야말로 신경쓰게 해드려서 죄송합니다.

24 お詫びだなんて、そんな……。
사과라니 그런…….

12 상담

1 今、お時間よろしいでしょうか。
지금 시간 괜찮으세요?

2 明日お会いできればと思うんですが。
내일 만나뵈었으면 하는데요.

3 ご相談があるんですが。
ご相談したいことがあるんですが。
의논드릴 것이 있는데요.

4 ご相談したいんですが、明日お時間よろしいでしょうか。
ご相談があるんですが、明日お時間よろしいでしょうか。
의논드릴 일이 있는데 내일 시간 괜찮으신가요?

5 ご相談にのっていただけますか。
상담해 주시겠습니까?

6 お知恵を拝借したいんですが。
지혜를 빌려주셨으면 하는데요.

7 ご意見をお聞かせ願いたいと思いまして。
의견을 들려주셨으면 해서요.

8 実は、就職のことなんですが。
실은, 취직 때문인데요…….

9 実は、部下のことで頭を痛めておりまして。
실은 부하의 일로 골머리를 앓고 있어서요.

10 どうすればいいでしょうか。

どうしたらいいでしょうか。
어떻게 하면 좋을까요?

11 どの病院へ行ったらいいでしょうか。
어느 병원으로 가면 될까요?

12 どこで買ったらいいでしょうか。
어디서 사면 될까요?

13 夏休みに海水浴に行きたいんですが、どこに行ったらいいでしょうか。
여름 휴가때 해수욕을 하러 가고 싶은데, 어디로 가면 좋을까요?

14 本当に役に立ちました。
本当に助かりました。
本当に勉強になりました。
정말 도움이 되었습니다.

13 조언

1 家へ帰って休まれたらいかがですか。
집에 돌아가서 쉬시면 어때요?

2 少しお休みになってはいかがですか。
잠시 쉬시는 것이 어때요?

3 大阪へいらっしゃるなら、新幹線がいいと思います。
오사카에 가신다면 신칸센이 좋을 거에요.

4 先生に伺えばいいと思いますが。
선생님께 여쭤보면 될 것 같은데요.

5 先輩に相談された方がいいと思います。
선배와 의논하시는 것이 좋을 것 같아요.

6 車でいらっしゃった方がよくありませんか。
자동차로 가시는 것이 좋지 않을까요?

7 もっと運動をなさった方がよろしいんじゃありませんか。
좀 더 운동을 하시는 것이 좋지 않을까요?

8 タクシーでいらっしゃった方がいいと思いますよ。
택시로 가시는 것이 좋을 것 같아요.

9 飲み過ぎない方がよろしいかと思いますが。
너무 많이 마시지 않는 것이 좋을 것 같은데요.

10 辞書をごらんになったらいいですよ。
사전을 찾아보시면 될 거에요.

11 第三者の意見をお聞きになってみては？
제삼자의 의견을 들어 보시면 어떨까요?

12 お客様にはこちらの方をお勧めします。
손님께는 이 쪽을 추천합니다.

13 医者に相談されることをお勧めします。
의사와 상담하실 것을 추천합니다.

14 それは私にも分かりかねます。
그건 저도 모르겠습니다.

それは<ruby>私<rt>わたし</rt></ruby>も<ruby>決<rt>き</rt></ruby>めかねます。
그건 저도 결정할 수 없습니다.

それは<ruby>私<rt>わたし</rt></ruby>も<ruby>判断<rt>はんだん</rt></ruby>しかねます。
그건 저도 판단할 수 없습니다.

14 발표

1 それでは<ruby>発表<rt>はっぴょう</rt></ruby>を<ruby>始<rt>はじ</rt></ruby>めさせていただきます。
그럼 발표를 시작하도록 하겠습니다.

2 <ruby>本日<rt>ほんじつ</rt></ruby>のテーマは「<ruby>市場<rt>しじょう</rt></ruby>」でございます。
오늘의 주제는 '시장'입니다.

3 「<ruby>市場<rt>しじょう</rt></ruby>の<ruby>生存<rt>せいぞん</rt></ruby>」について<ruby>お話<rt>はなし</rt></ruby>いたします。
'시장의 생존'에 대해서 이야기하고자 합니다.

「<ruby>市場<rt>しじょう</rt></ruby>の<ruby>生存<rt>せいぞん</rt></ruby>」について<ruby>発表<rt>はっぴょう</rt></ruby>いたします。
'시장의 생존'에 대해서 발표하고자 합니다.

4 <ruby>お手元<rt>てもと</rt></ruby>の<ruby>資料<rt>しりょう</rt></ruby>を<ruby>ご覧<rt>らん</rt></ruby>ください。
가지고 계신 자료를 봐 주시기 바랍니다.

5 <ruby>画面<rt>がめん</rt></ruby>を<ruby>ご覧<rt>らん</rt></ruby>いただけますでしょうか。
<ruby>画面<rt>がめん</rt></ruby>を<ruby>ご覧<rt>らん</rt></ruby>いただけるでしょうか。
화면을 봐 주시기 바랍니다.

6 サンプルを<ruby>用意<rt>ようい</rt></ruby>いたしました。
샘플을 준비하였습니다.

7 <ruby>続<rt>つづ</rt></ruby>きまして、ビデオを<ruby>上映<rt>じょうえい</rt></ruby>いたします。
계속해서 비디오를 상영하겠습니다.

8 こちらにご<ruby>注目<rt>ちゅうもく</rt></ruby>ください。
여기를 주목해 주시기 바랍니다.

9　以上を要約いたしますと、次のようになります。
　　이상을 요약하면 다음과 같습니다.

10　では、時間になりましたので、発表に入りたいと思います。
　　그럼, 시간이 되었으니 발표에 들어가도록 하겠습니다.

11　わたくしは、司会を勤めさせていただきます、パク・ミンスと申します。
　　저는 진행을 맡은 박민수라고 합니다.

12　最初のご発表は、キム・ミョンギ先生によります「文化と社会」です。
　　첫 번째 발표는 김명기 선생님의 '문화와 사회'에 대해서 입니다.

13　では、よろしくお願いいたします。
　　그럼 잘 부탁드리겠습니다.

14　はい、キム先生、ありがとうございました。
　　네, 김 선생님, 감사합니다.

15　それでは、質疑応答に移ります。
　　그럼, 질의응답으로 넘어가겠습니다.

16　まずは指定討論者でいらっしゃいます、チェ・ソンミ先生、お願いいたします。
　　우선은 지정토론자이신 최선미 선생님, 부탁드리겠습니다.

17　それでは他に会場にいらっしゃる方からご質問はないでしょうか。
　　それでは他に会場にいらっしゃる方からご質問はございませんか。
　　それでは他に会場にいらっしゃる方からご質問はございませんでしょうか。
　　그럼 회장에 계신 다른 분들 중에서 질문 없으신가요?

18 少し時間が余っているんですが、他にご質問はないでしょうか。
少し時間が余っているんですが、他にご質問はございませんか。
少し時間が余っているんですが、他にご質問はございませんでしょうか。
조금 시간이 여유가 있는데, 그 밖에 질문 없으십니까?

19 はい、ではご質問お願いします。
네, 그럼 질문 부탁드리겠습니다.

20 質問がないようなので、次の発表に移りたいと思います。
질문이 없으신 듯 하니 다음 발표로 넘어가도록 하겠습니다.

そろそろ時間になりましたので、最初の発表はこれで終わりにしたいと思います。
이제 슬슬 시간이 되었으니, 첫 번째 발표는 이것으로 마치도록 하겠습니다.

21 続きまして、チョ・ソンギュ先生のご発表で、題目は「市場の物価」です。
続いて、チョ・ソンギュ先生のご発表で、題目は「市場の物価」です。
계속해서 조성규 선생님의 발표로, 제목은 '시상의 물가'입니다.

22 これをもちまして発表を終わらせていただきます。
これをもちまして発表を終わりたいと思います。
これをもちまして発表を終わります。
이것으로 발표를 마치도록 하겠습니다.

23 ご清聴ありがとうございました。
들어주셔서 감사합니다.

15 축하

1 おめでとうございます。
축하드립니다.

2 心よりお祝いを申し上げます。
心からお喜びを申し上げます。
진심으로 축하드립니다.

3 お誕生日おめでとうございます。
생일 축하드립니다.

4 ご成人、おめでとうございます。晴れて大人の仲間入りですね。
성인이 된 것을 축하합니다. 드디어 어른의 세계에 들어가게 되었군요.

5 ご卒業を心からお祝い申し上げます。
ご卒業を心からお喜び申し上げます。
졸업을 진심으로 축하드립니다.

6 ご結婚おめでとうございます。
ご結婚をお喜び申し上げます。
결혼 축하드립니다.

7 どうぞお幸せに。
부디 행복하세요.

8 ご出産、おめでとうございます。
출산 축하드립니다.

9 ご両親もお喜びでしょう。
ご両親も喜んでおられることでしょう。
부모님께서도 기뻐하시겠네요.

10 これでご両親も一安心ですね。
이것으로 부모님께서도 한시름 놓으시겠네요.

11 ご成功、おめでとうございます。
성공 축하드립니다.

12 ご昇進、おめでとうございます。
승진 축하드립니다.
この度のご昇進を心よりお祝い申し上げます。
이번 승진, 진심으로 축하드립니다.

13 昇進なさったそうですね。おめでとうございます。
昇進なさったそうで、おめでとうございます。
승진하셨다구요. 축하드립니다.

14 当選を心からお喜び申し上げます。
当選を心よりお祝い申し上げます。
당선을 진심으로 축하드립니다.

15 おかげさまで。
덕분에요.

16 皆さんのおかげです。
여러분 덕분입니다.

17 お力添えいただいたおかげです。
お力添えくださったおかげです。
도와주신 덕분입니다.

18 皆さんのお力添えがなければ合格できませんでした。
여러분의 도움이 없었다면 합격하지 못했을 거에요.

19 皆さんからこんなにお祝いのメッセージをいただけるとは
思っていませんでした。
여러분으로부터 이렇게 축하 메세지를 받을 줄은 생각하지 못했어요.

20 運が良かっただけです。
운이 좋았을 뿐이에요.

21 よいお年をお迎えください。
좋은 한 해 맞이하세요.

22 明けましておめでとうございます。
새해 복 많이 받으세요.

16 위로

1 お疲れ様でした。
수고하셨습니다.

2 大変ですね。
힘드시죠?

3 ご心配だったでしょう。
걱정 많으셨지요?

4 驚かれたでしょう。
놀라셨지요?

5 お困りだったでしょう。
お困りでしたでしょう。
난처하셨지요?

6 大変だったでしょう。

大変でしたでしょうね。
큰일이었지요?

7 気を落とされたことと思います。
실망이 크신 줄로 압니다.

8 ご愁傷様です。
참 안된 일이네요.

この度は誠にご愁傷様でございました。
이번 일은 참 안됐어요.

9 お悔やみ申し上げます。
얼마나 상심이 크십니까.

10 お慰み申し上げます。
위로의 말씀을 드립니다.

11 お察しします。
お察し申し上げます。
그 마음 짐작이 갑니다.

12 お嘆きをお察しします。
お嘆きをお察し申し上げます。
슬픔 짐작이 갑니다.

13 お気持ちはよく分かります。
마음은 충분히 이해합니다.

14 どうぞ気を落とさないでください。
부디 낙담하지 마세요.

15 一日も早く悲しみから立ち直られることをお祈り申し上げます。
하루라도 빨리 슬픔에서 벗어나시기를 바랍니다.

一刻も早く悲しみから立ち直られることをお祈り申し上げます。
한시라도 빨리 슬픔에서 벗어나시기를 바랍니다.

16 私にできることがあれば、遠慮なくおっしゃってください。
제가 할 수 있는 일이 있다면 사양않고 말씀해 주시기 바랍니다.

17 よく努力されましたね。
정말 노력했군요.

18 いつも応援しております。
언제나 응원하고 있습니다.

memo

memo

memo